DIGITAL TRANSFORMATION OF CLOTHING INDUSTRY

# 服装产业数字化转型

## 以常熟服装产业带为例

李英侠　李立威　倪霞　王姗◎著

中国经济出版社
CHINA ECONOMIC PUBLISHING HOUSE
北京

**图书在版编目（CIP）数据**

服装产业数字化转型 ：以常熟服装产业带为例 / 李英侠等著 . -- 北京 ：中国经济出版社，2024. 10

ISBN 978-7-5136-7408-9

Ⅰ. ①服… Ⅱ. ①李… Ⅲ. ①服装工业－数字化－产业发展－研究－常熟 Ⅳ. ① F426. 81

**中国国家版本馆 CIP 数据核字（2023）第 156804 号**

策划编辑 邓媛媛
责任编辑 焦晓云
责任印制 马小宾
封面设计 华子设计

**出版发行** 中国经济出版社
**印 刷 者** 北京艾普海德印刷有限公司
**经 销 者** 各地新华书店
**开　　本** 710mm × 1000mm 1/16
**印　　张** 13.5
**字　　数** 207 千字
**版　　次** 2024 年 10 月第 1 版
**印　　次** 2024 年 10 月第 1 次
**定　　价** 78.00 元
**广告经营许可证** 京西工商广字第 8179 号

**中国经济出版社** **网址** http：//epc.sinopec.com/epc/ **社址** 北京市东城区安定门外大街 58 号 **邮编** 100011
本版图书如存在印装质量问题，请与本社销售中心联系调换（联系电话：010-57512564）

# 前言

在走访常熟这座温润而古朴的江南水乡时，我们感受到了一种独特的新潮：传统纺织服装产业正在悄然又充满决心地进行着数字化转型。中国长三角产业带节点城市常熟的纺织服装产业具有深厚的历史根基和雄厚的实力，然而面对线上市场替代线下市场、线上流量零和竞争、产业供应链转型升级等多重压力，如何实现蜕变成为该行业不得不面对的问题。

本书旨在探讨常熟服装产业在数字化转型中所遇到的挑战以及应对之策。我们以长三角产业数字化创新中心与北京联合大学管理学院的联合调研为基础，通过深度访谈和大数据分析，对常熟服装产业带的数字化转型进行了全面的描绘与解读。

本书的编写持续近三年，从策划、调研、撰写到审稿、出版，每一步都浸透了我们对产业发展、理论研究的深入思考和毫不放松的努力。手捧书稿，我们不由感佩党中央提出的关于实体经济、产业链、供应链以及数字化转型的指导思想，感佩常熟市委、市政府用这些宏伟目标引领产业主体付诸实践的坚定决心。

本书共18个案例，详细展示了常熟千亿级服装产业数字化转型跃升为创新集群的大场景，也剖析了波司登、聚道中心、知衣科技、飞榴科技、贝塔科技、金辰针纺织、悠扬科技、凯兰针织、归心服饰、新凯盛、布衣部落、同昌服装、龙剪风、鼎新印染、凌迪科技、市采通、衫数科技、江苏云企等企业（排名不分先后）的成功案例。每一个案例都以调研素材为基础，用数据和事实展示了企业数字化转型的背景、战略定位与优势、面临的挑战、将资源转化为能力的过程，以及数字化转型成果。本书不仅能让读者了解并熟悉常熟服装产业数字化转型的资源优势、转型模式、路径与机制，也能为本科生及研究生相关课程的教学提供参考。

在此，我们要向所有参与本书创作的人员表达最深的谢意。他们的智慧和付出是本书能够成功出版的关键。

本书具体分工如下：序言由倪霞、李慧龙、王姗编写，第一章由李英侠、唐小雯、倪霞编写，第二章由李英侠、李瑾、任成梅编写，第三章由李立威、刘雅芳编写，第四章由李立威、倪霞、刘雅芳编写，第五章由马丽仪、史亚琪编写，第六章由马丽仪、倪霞、史亚琪编写，第七章由黄艳、张梦可编写，第八章由黄艳、綦圆编写，第九章由张玉洁编写，第十章由牟静编写，第十一章由裴一蕾、吴婷、苏鹏编写，第十二章由裴一蕾、吴婷、苏鹏编写，第十三章由常金平编写，第十四章由顾晓萍、董爽编写，第十五章由倪霞、田玲、王姗编写，第十六章由倪霞、李丹丹编写，第十七章由倪霞、王艳娥、王姗编写，第十八章由倪霞、李慧编写。

本书的RBV理论分析框架由李英侠、夏卫东、马丽仪共同研究与讨论后提出。书中各章节案例的RBV理论分析部分的相关表格，是在李英侠的指导下，由选修企业数字化转型案例分析课程的唐小雯、陆欣怡、窦鑫等同学共同完成。全书的思维导图制作由唐小雯负责。李英侠负责全书的统稿和审稿工作，倪霞负责产业对接、企业调研以及后期审稿。在实地调研方面，倪霞和王姗多次前往常熟进行调研，李英侠统筹并负责项目的整体协调，并两次前往常熟进行实地调研，马丽仪、常金平、张玉洁、史亚琪、陈欢、刘雅芳、李瑾也参与了一次常熟实地调研。此外，鲍新中教授对本书的出版给予了诸多关心与指导。

亿邦动力为本书的出版提供了充分的产业对接与调研保障，王姗、李慧龙、赵志刚、王炜、邱雨生、陈琼提供了不可或缺的支持。

由衷感谢各位企业家为本书撰写了推荐语，他们分别是（排名不分先后）：飞榴科技创始人兼CEO费翔、凌迪科技Style3D创始人兼CEO刘郴、知衣科技创始人兼CEO郑泽宇、贝塔科技创始人兼CEO赵田力、金辰针纺织集团金辰制衣总经理陈豪、“归心”品牌创始人陈坤、江苏鼎新印染总经理杨继烈、市采通公司总经理蒋伟、衫数科技集团创始人兼董事长向清华、江苏云企供应链公司总监焦民龙、“花开嫣然”品牌创始人陆慧华。特别感谢波司登 CIO 戴建国在本书中分享自己在多年实践中对数字化转型的思考。

北京联合大学管理学院电子商务专业为本书的出版提供了调研保障和充分的支持，电子商务专业十余名教师多次开会研讨案例的写作。本书的出版得到北京联合大学电子商务国家级一流专业建设点的资助，并得到 2021 年国家社科基金项目（组织变革视角下中小企业数字化转型悖论的产生机理与破解路径研究，项目号：21BGL237）的大力支持。

由于时间和水平有限，疏漏之处在所难免，敬请广大读者批评指正。谨以本书献给所有在数字化转型中努力奋斗的人们，愿我们的努力能为中国的产业发展贡献一份力量。

# 序言

## 常熟千亿级服装产业，数字化转型跃升创新集群

江苏省苏州市常熟市是我国重要的纺织服装集群基地，也是江苏省三大千亿级纺织服装基地之一。与电子信息、装备制造、生物医药、先进材料等产业相比，服装产业是传统的劳动密集型产业。在全国，像常熟这样的传统产业集群超过30个，如何在数字经济蓬勃发展的大势下通过创新引领产业转型升级，是每个传统产业集群需要面对的课题。

早在2020年，常熟市委、市政府以及常熟服装城管委会就探索出了一条“三轴联动”的服装产业数字化特色发展路径——“产业公共服务+数字技术创新链+特色产业集群创新”，即政府组织专业服务机构搭建产业数字化公共服务平台，该平台致力培育数字技术创新链，以数字技术创新链促进特色产业集群创新转型升级。

### 一、从“常来常熟”到“常创常新”，常熟的产业新机会

服装产业数字化全景如图0–1所示。

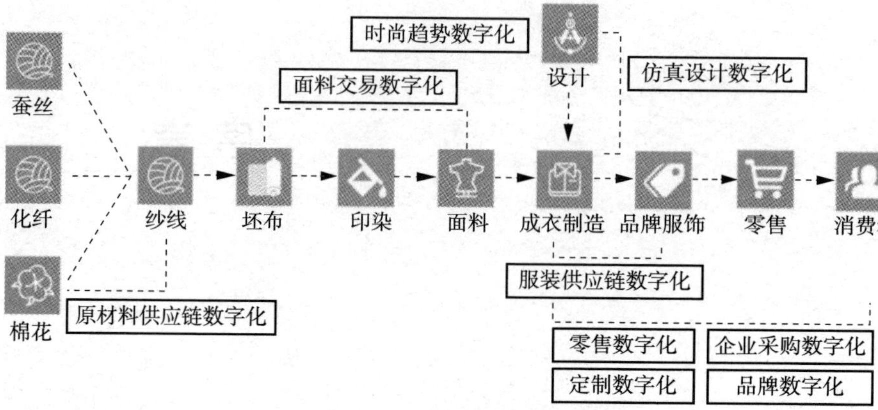


**图 0–1 服装产业数字化全景**

### （一）产业数字化成为常熟服装产业转型新机会

传统产业并不等于落后产业。国家统计局数据显示，2021 年，全国实物商品网上零售额首次突破 10 万亿元，服装鞋帽针纺织品占比超过 20%，是实物类网络零售额中占比最高的消费品类。庞大的消费规模和高频率的消费习惯使纺织服装产业成为消费端与生产端数据互动最活跃的领域之一。随着消费升级和营销场景的变化，数据互联和产业数字化升级成为纺织服装产业最迫切的需求，传统纺织服装产业也成为最佳的数字化实践之地。全产业链数字化升级让常熟看到了产业转型的新机会。

### （二）数字化重塑服装制造业竞争力

中国纺织服装产业集群结构各不相同。常熟是服装年交易规模超千亿元的产业集群，链条较完整，有各类纺织服装生产企业近 5000 家，成衣制造能力尤为突出。常熟以服装生产制造数字化转型升级为突破口，逐步向数字化营销、3D 服装设计、供应链协同、面辅料数字化等产业链延伸，形成了服装产业数字化新生态和产业竞争新优势。经过一年多的探索，常熟引进了适配本土服装产业特点的柔性生产线升级服务企业，为制造企业提供数字化人效动态平衡、质量控制、质量巡检、质量追溯服务。目前，常熟已有 50 多家大中型生产企业完成了数字化升级改造，生产效率平均提升 15%，最高达到 30%。这些企业的生产线均具备柔性快反制造能力和质量全流程溯源能力，通过数字化改造实现了提品质、增产能的目标。

### （三）数字化设计研发能力成为创新引擎

3D 服装设计和时尚趋势大数据挖掘技术的广泛应用，让常熟服装产业看到了强设计、增品种的跨越式发展机会。目前，常熟通过集聚一批 3D 服装设计和时尚趋势洞察大数据服务资源，应用大数据和人工智能图像识别技术，每天为相关企业提供近千款爆款样衣和时尚元素，精准掌握服装流行趋势。常熟通过为企业培育和输送 3D 资源，将最新设计款式快速数字化、高度逼真化，供品牌商、主播达人选款和进行线上预售测试。在预售数据达到预期后，生产企业将进入快速生产阶段，以有效满足市场需求。与传统模式相比，数字化创新模式采用数字化设计和时尚趋势洞察技术，服装款式采纳率和推款量提升近 60%，样衣制作周期和成本下降近 30%，在刺激和引导服装消费的同时，有效解决了服装行业普遍存在的库存难题。服装产业数字化新场景如图 0-2 所示。

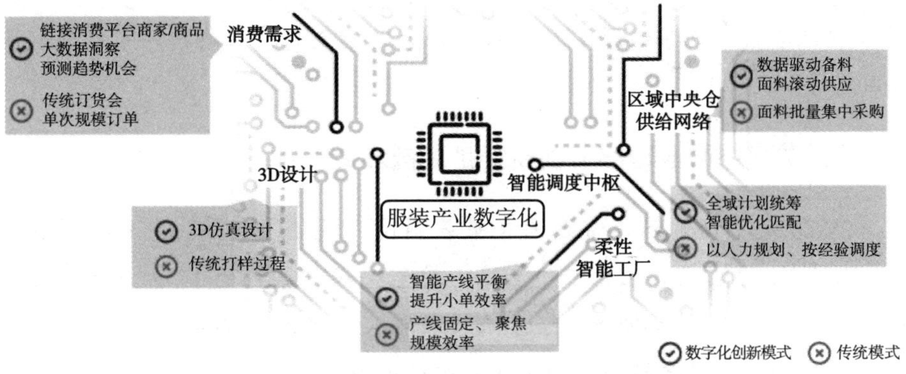


图 0-2　服装产业数字化新场景

## 二、从千亿服装产业带到产业创新集群，数字化催生新业态

在常熟，深厚的服装产业积淀为数字化技术提供了广阔的应用场景，

先行的产业数字化实践助推了创新产业集群的生成。在市场需求的驱动和政府布局的引导下，常熟已集聚飞榴科技、衫数科技、凌迪科技、知衣科技等一批优秀服装产业数字服务企业，数字化技术创新链逐步形成，特色产业集群转型升级大幕已经拉开。

### （一）提供产业公共服务是破局之举

服装产业集群数字化升级不同于企业个体数字化升级。企业个体可自发地“自上而下”开展数字化工作，而区域产业集群内的中小企业需要政府提供相应的产业公共服务和配套政策，再由公共服务平台集聚培育数字技术创新链，助力和引导企业进行数字化升级。

2020年底，常熟市政府、常熟服装城管委会赴京调研电商及产业数字化龙头服务机构亿邦动力，组织调用其媒体、智库和培训等产业综合服务能力，充分发挥亿邦动力作为参与国家发展改革委等部门“数字化转型伙伴行动”成员单位的积极性，创建了长三角产业数字化创新中心。该中心通过研究常熟产业发展趋势和特征，培育和孵化数字技术创新企业，为创新型技术企业提供需求对接、资源衔接、交流推广、人才对接、政策落地等多项服务，成为常熟服装产业数字化和打造创新产业集群的策源地与服务平台。

### （二）围绕产业链部署创新链是关键环节

从2021年初开始，常熟围绕服装制造、设计、交易、营销、供应链等环节，针对性地引入北京、上海、杭州、成都等地的10余家先进数字化技术服务企业。这些企业除了以常熟服装产业为主要技术应用场景外，也将创新模式和服务辐射至长三角及其他纺织服装产业带。

飞榴科技是一家国内领先、采用人工智能技术的服装柔性供应链服务公司，于2021年10月落地常熟，是常熟服装产业“智改数转”的主要服务企业，为常熟及全国数千家服装工厂、设计师、跨境电商、品牌客户等提供小单快反的SaaS产品和S2B2C的供应链服务。飞榴科技的人工智能服装数智化“针聪明SaaS系统”已在常熟落地服装企业超过20家，车间内缝纫车位实现100%联网，员工的平板电脑可精准分配每一道工序，突破了生产瓶颈，提升了生产效率。飞榴科技自主研发的产能对接平台能够为工厂对接直播平台的网红主播、提供优质货源，从而提升常熟服装制造企业的供应链协同能力，先后获得字节跳动、高瓴资本、GGV等顶级投资机构的数亿元融资。

### （三）以数字技术创新链促进特色产业集群转型升级是可行之路

常熟服装产业带一直在进行商业模式和品牌营销突破，建立了化纤、纺织、印染和服装等产业链，并通过数字化改造和产业集群整合达到市场交易千亿级工业规模。常熟依托自身文化和服装产业的基础优势，专注于产业创新集群建设。

目前，长三角（常熟）产业数字化创新中心作为创新集群发展试验田，完成了由先行先试到先行示范的转变，吸引数字化创新的10余家企业入驻。2022年，常熟以创新驱动为核心支持高质量发展的现代产业体系，未来还将关注高端人才的聚集，以激发企业创新活力，增强产业创新集群的区域竞争优势。

### （四）结语

当前，我国正处于电子商务带动产业数字化、数字技术与实体经济融通创新的新阶段。纺织服装产业集群的新模式和新需求不断涌现，给服装产业链、渠道和整个纺织行业的发展带来了新变化。在当前经济发展的关键时期，苏州推进创新型产业集群高质量发展是深入实施创新驱动发展战略、建设现代化经济体系的重要战略支撑。常熟将把创新型产业集群建设为“磁场”，进一步吸引人才，着力攻克关键技术，提升产业集群创新能力，打造常熟区域现代化的经济体系，这也是其促进区域经济健康发展的创新举措。

# 学者推荐

本书的创作历时三年，持续跟踪研究了常熟服装产业带在数字化转型中面临的挑战以及采取的应对策略。全书深入剖析了18个典型案例，通过鲜活的实例和丰富的数据，揭示了怎样运用新技术推动产业生产力和创造力的提升，怎样通过数据驱动激发企业的持续变革，进而实现高质量发展和绿色发展目标。本书内容丰富、结构严谨，对传统产业集群实现数字化转型具有较大的参考价值。

——美国佛罗里达国际大学商学院决策科学
与信息系统系终身教授　夏卫东

本书是一部深入研究服装产业数字化转型实践的著作，具有重要的现实意义和较大的理论价值。本书通过真实的企业案例，揭示了数字化转型在中国服装产业的推进路径和实施策略。本书基于一手资料描述数字化如何引领服装行业进行全面改革，以便更好地应对市场变革、提升效率和提高质量。

周密的调查和分析使得本书对研究传统产业数字化转型的学者和从业者来说是极其宝贵的资源。在发展速度不断提升、竞争越来越激烈的服装市场上，数字化转型无疑可以帮助企业获得更大的优势。本书不仅提供了理论基础，而且展示了实际案例，让读者明白哪些策略在现实中运用良好，哪些策略还需要改进。

值得一提的是，本书字里行间渗透着与时俱进的思想，坚信“创新”的重要性，不仅关注技术的引入和应用，还深入探讨如何将新兴技术与传统服装产业相结合，以激发服装产业的创新活力和竞争优势，对于服装产业的发展具有非常重要的指导意义和参考价值。

——北京联合大学副校长　鲍新中

本书以深刻的研究洞察和丰富的案例分析，展示了服装产业在数字化转型中的探索与实践，不仅深入剖析了常熟服装产业带的成功转型路径，还通过RBV理论分析系统评估了数字化转型对企业资源与能力的深刻影响。本书的学术价值在于，不仅为服装产业的数字化转型提供了实证依据，还创新性地提出了产业公共服务、数字技术创新链与特色产业集群相结合的发展模式，对学术界和产业界均具有重要参考价值。本书的贡献在于，丰富了传统产业转型升级的理论基础，其实践案例和理论探讨兼具前沿性和实用性，值得广大学者深入研读。

——北京联合大学管理学院院长　陈建斌

# 企业家推荐

当下，数字化转型已经成为大多数企业管理者的共识，即使是在传统化程度较高的纺织服装产业，也是如此。作为实体经济的一环，服装产业在推动数字化转型时，首先要弄清楚内核是什么。我认为是实践应用。对服装制造企业而言，数字化转型的最终目标要落在实际经营场景和业务场景上，信息数字是技术，技术只有应用于生产实践，才有可能跃升为生产力，要想办法让员工工作效率更高、决策难度更低、产业协同更顺畅才是正道。数字化转型并非一朝一夕、一劳永逸的事情，比起短期利益，企业要更注重长远收益，管理者也要不断学习、探索和实践。像飞榴科技这样提供技术服务的企业，要不断进行创新研发、持续迭代产品。数字化转型这条路还很长，没有人知道终点在哪里，但我始终相信，没有传统的行业，只有传统的企业，只要我们坚持做下去，必然能迎来“量变到质变”的那一刻。

——飞榴科技创始人兼 CEO　费翔

在技术快速迭代的背景下，时尚行业正在涌现新范式，纺织服装产业也正处于数字化转型的关键阶段。在新时代建设时尚强国这条路上，Style3D 作为数字时尚领域的基础设施，要努力成为产业背后强劲的技术驱动者和内容服务者，持续夯实产业生命力。

——凌迪科技 Style3D 创始人兼 CEO　刘郴

服装行业是一个链路极长且非常分散的行业，数字化是行业转型升级的必经之路。本书从具体案例出发，详细讲解不同企业的数字化升级方案，可以很好地帮助行业内相关企业快速实现数字化转型。

——知衣科技创始人兼 CEO 郑泽宇

当前，在人口红利逐渐消失的形势下，万亿规模的中国服装产业亟须完成升级换代，个性化、定制化柔性制造更是大势所趋。本书对纺织服装产业“智改数转”的各类案例进行了全方位的调研汇总，是一部严谨的产业数字化转型范本和具有指导意义的参考资料。

——贝塔科技创始人兼 CEO 赵田力

服装是老百姓的日常生活必需品，与我们每个人的生活息息相关。在我国，服装产业不是低端落后产业，而是在国际上具有影响力的产业，因此我们必须探索新的发展方式和路径，及时把握人工智能等革命新浪潮，通过数据采集、AGV 调度、云 MES、瑕疵检测、AI 自动分析、设备巡检等数字化场景，实现“业务流程分散、定制化订单灵活度低、库存积压、能耗高、用工效率低”等方面的突破。本书对于推动传统产业在数字化转型、高质量绿色发展中塑造新优势、培育新动能具有积极的借鉴意义。

——江苏金辰针纺织集团金辰制衣总经理 陈豪

曾几何时，中国的服饰文化泽被东西、开放华美，彰显泱泱中华的气质与气度。中华服饰文化凝含了中国的文化与美学，影响着世界。现今西方文化强势主宰世界，服装也不例外。但随着国富民强，很多国人都想穿上富含中国文化与美学的服装。作为服装人，吾辈当自强，在国风与国际化的路上探索前行，只为也许是几代人的梦想——衣隆汉唐，让中国文化、中国服饰文化重放溢彩！

——“归心”品牌创始人 陈坤

革故鼎新是企业的基因，常创常新是企业保持蓬勃生机的秘诀。纺织印染行业是传统行业，但工艺的改进升级、产品的更新迭代丝毫不逊于新兴产业。在市场形势瞬息万变、人口红利逐渐消失的转型阶段，鼎新印染始终保持产销两旺、长盛不衰。作为一家运动面料专业生产企业，鼎新印染的数字化实践或许可以给我们带来一些启迪。鼎新印染在创业伊始就确立了“积极拥抱新时代、热情接受新事物”的理念，注重研发，积极对设备进行更新改造，不断用智能化、数字化来减少用工、提升产能、提质增效。本书实事求是，指出传统产业的智能化、数字化建设必须与企业实际相结合，切忌盲目跟风，必须一企一策、力求实效。

——江苏鼎新印染总经理　杨继烈

新时代呼唤新动能，数字化创新与外贸新业态、新模式有机结合，是传统服装产业数字化转型的重要途径。市采通致力科技赋能跨境贸易，基于国家试点政策创新，围绕中小微企业实际需求，通过数字平台、大数据等帮助中小微主体低门槛参与国际贸易，为传统内贸市场内外贸一体化升级转型提供了新动能。同时，市采通积极探索国家试点政策发展方向，发挥企业紧贴市场、自主创新的优势，成为国家政策“编译器”，为打造“政府引导、企业自主”的良好营商氛围、实现对碎片化贸易的高效监管提供了新思路。

——“市采通”公司总经理　蒋伟

中国服装产业拥有 10 万亿产能，占全球 60%，但国内服装企业收益很低，行业平均利润率不到 10%。国内大部分服装企业处于艰难维持经营状态，究其根源是库存问题，高毛利和高库存并重，但高库存吃掉了产业的大部分利润。

从服装产业视角看，库存问题主要来自四个方面：一是没有精细分工，企业什么都想抓，但没有一样抓得好；二是没有供应链，盲目跑马圈地，造成高库存；三是软实力不够，设计、品牌经营不足；四是管理凭经验，决策全靠人。

衫数科技深耕企业信息化和服装行业多年，用产业上下游的数据帮助产业集中智能化决策，同时辅以集中化仓储、全国布局的选品中心，打通了服装产业的信息流、物流、资金流和商流；以销售拉动生产，以集中快速周转的短周期库存支撑销售去解决库存问题，提升供应链对市场的响应能力。在发展过程中，我们逐步验证了“系统＋数据＋运营”的新产业服务模式的可行性，使合作企业库存下降70%，上新能力提升3倍以上。衫数科技的服装产业服务模式开创了一条新的产业协作路径，也为服装产业解决库存难题提供了一定的参考，值得相关企业和同行一起探讨。

——衫数科技集团创始人兼董事长　向清华

现代服装产业发展了数十年，与我们每个人息息相关，是一个充满活力且瞬息万变的行业。当今互联网高速发展，如何使互联网数字化技术赋予服装产业新活力，是每个服装产业从业者面临的新挑战。本书研究的企业处于纺织服装产业链条的不同环节，并在产业数字化转型过程中做出了各自的努力和探索，为服装产业提供了非常好的参考。希望服装产业从业者从多维度去思考如何发挥企业自身优势，整合产业链资源，进行数字化转型。

未来服装产业必定要以数据为驱动，企业如何进行持续变革，是其能否健康长久发展的根本。希望本书中分享的案例，能够给予读者一些启发。路虽远，行则将至；事虽难，做则必成。服装行业数字化转型必将在一个个企业生根发芽，也终将在整个产业链遍地开花。

——江苏云企供应链管理有限公司技术总监　焦民龙

常熟服装产业带已经有几十年的历史沉淀，在全球经济下行的大环境下，产业带各企业与时俱进，采取品牌打造、线上线下多渠道销售及营销创新、设计前瞻且符合大众审美的服装款式、智能投产、企业数字化升级等方式不断优化产业生态圈。数字化转型离不开政府引导和政策赋能，也离不开服装企业家的勇于创新、用心播种和耕耘。

当下，常熟服装产业带原有的产能及成本优势渐渐消失，批发市场贸易额也有所下降，同时涌现出许多优秀的电商集群和新媒体渠道运营商。常熟服装业除了放大产品优势外，更重要的是进行更精准的客户定位、更多元的渠道疏通，探索沉淀自主品牌之道，以提高附加值，从单一维度性价比内卷中突围。

在服装行业，随着民族自信心崛起，新国货国潮也是一个必然趋势。品牌能让客户产生信任感，除企业品牌和产品品牌外，个人品牌打造也越发重要。新媒体的兴起，给品牌营销提供了多元且低成本的品宣机会。新一代消费者更容易接受独具特色的新品牌。中国传统文化博大精深，延伸企业文化、打造弘扬中国文化的文化品牌，是服装产业创新的一条可行路径。这也是“花开嫣然”品牌在走的中国文化品牌探索之路。真心祝愿常熟服装产业继往开来更上一层楼，花开朵朵芬芳馥，嫣然美好香九州。

——“花开嫣然”品牌创始人　陆慧华

# 目录

# 第一章 01

# 波司登

## “打磨产品 + 品牌布局”，持续探索全链路数字化转型

我们从战略高度和长远角度推动数字化变革，将数字化变革确定为“一把手”工程，明确数字化转型规划，以消费者需求为中心，加快从传统经营管理向数字化经营管理转型。

——波司登品牌创始人　高德康

- 波司登
  - 战略定位与优势
    - 以品牌引领，与时代同行
    - 创新的产品力驱动品牌力
    - 加速全域零售变革，畅通品牌破局之路
    - 发力数智经营，提高核心能力
  - 数字化转型实践
    - 智能化改造和数字化转型的萌芽
      - 1997年：建立数据中心，现代化车间
      - 2001年：引进先进设备，提高生产效率
    - 开启智能化生产
      - 2010年：引进智能化生产线，推广模块化生产
    - 掀起“智改数转”浪潮
      - 2014年：物流系统升级，建立智能配送中心
      - 2015年：引进SAP管理系统，O2O智慧门店
    - 主动拥抱数字化变革
      - 2018年以来：打造“线下门店+线上云店”增收模式
    - 疫情中大浪淘沙
      - 2020年：建立数据中台，统一数字化协同平台
  - 基于RBV理论的分析
    - 资源识别与配置
    - 能力构建与提升
    - 价值创造与传递
  - 数字化转型效果
    - “智改数转”提质增效
    - 大数据洞察高效协同
    - 开放创新数智经营

## 一、案例背景

服装行业 80% 的业绩来自 20% 的 Top 级产品。缺货和库存是长期困扰服装行业的顽疾，零售的竞争不再是单品的竞争，而是链与链的竞争。上游的价格、产能、排期速度及下游的分销能力，直接决定着品牌经营和产品销售情况。

成立近 50 年的波司登，员工超过 2 万人，坐拥 7 大生产基地、4000 家门店，实行 14 天定制生产、7~21 天拉式补货的敏捷供应模式。从产品打磨、品牌打造到培育数字供应链竞争力，波司登持续引领羽绒行业发展。

## 二、战略定位与优势

### （一）以品牌引领，与时代同行

“始终和消费者在一起”是波司登品牌持续发展的核心竞争力。每个品牌的发展，都是在和消费者的交流与互动中实现的。

### （二）创新的产品力驱动品牌力

产品创新是刻在波司登品牌基因里的驱动力，波司登聚焦时尚创新和功能创新两个维度，和国际一线品牌对标升级，为消费者提供更好的产品体验。

### （三）加速全域零售变革，畅通品牌破局之路

波司登通过打破传统零售线上、线下的边界，推动线上、线下融合发展、协同发力，以全域零售的高质量创新畅通品牌破局之路，拉动业绩复

合增长。

### （四）发力数智经营，提高品牌核心能力

波司不仅登将新一代数字技术与羽绒服传统经营模式深度融合，快速精准服务用户，还建成了国家级智能制造示范工厂以及行业领先的智能配送中心，建立了羽绒服行业规模最大、技术最先进、产业链最成熟的现代服装制造体系，成为行业标杆。

## 三、数字化转型实践

### （一）智能化改造和数字化转型的萌芽

1997 年，波司登建立起最初的数据中心，以数据为依据管控成本、控制库存。同年，波司登建造占地 2.5 万平方米的现代化生产车间，并引进了具有国际先进水平的电脑设计裁割系统，使产品科技含量进一步提高。

2001 年，波司登引进了世界一流的 567、568 电脑设计裁割系统及全自动羽绒充绒设备。一流的规模与基地优势使波司登提高了生产效率，降低了生产成本，获得了规模效益。一批批国际知名品牌与波司登合作，实施定牌生产。波司登以高知名度的品牌优势，实现了品牌形象的国际化，以“创世界名牌”为目标，逐步打开国际市场。

### （二）开启智能化生产

2010 年，波司登引进世界领先的智能化生产线，广泛应用智能装备，开始“机器换人”，通过单件流、吊挂流、部件流智能化生产线的创建与突破，实现了生产制造、实验检测、物流配送等核心环节的畅通。

经过持续优化运行，波司登成为某吊挂系统公司的“最佳用户”。波司登还全面推广“单件流”、模块化生产模式，劳动效率及品质控制登上新台阶。

波司登顺应新经济趋势，加大网购平台、现代物流科技园和企业信息化建设力度，确立了高效率的信息化管理机制，实现了经营全过程的科学

化管理。

### （三）掀起“智改数转”浪潮

2014年，波司登从物流系统起步，由传统批发模式向现代零售模式转型，前瞻性地科学规划全国物流网络，建立了服装行业最先进的智能配送中心。

2015年，波司登引进国际领先的SAP管理系统，调整零售网络布局，自营店占比近40%，增强了对渠道的管控能力。波司登将电商业务提升到集团战略高度，推动线上、线下融合发展。通过实施零售店洽客项目、波司登男装O2O智慧门店、微信“微购物”、VIP会员制等，形成了实体店和电商“两翼齐飞、融合发展”的新格局。

2015年，波司登引入川田智能模板机代替熟练工人操作。在工人数量减少的情况下，同一工序效率提升达60%，产能大大提高，员工收入也因此大幅提升，成为制衣行业推广应用智能制造的典范。

### （四）主动拥抱数字化变革

2018年以来，波司登集团深挖“大品牌、好品质、羽绒服代名词”三大核心优势，回归创业之初品牌引领的发展模式，链接新时代的打法，聚焦主航道、主品牌，踏上“二次创业”新征程。

波司登认为，唯有主动拥抱数字化变革，打造“线下门店+线上云店”的增收模式，企业的经营才能全面优化，品牌运营才能回归商业本质、顾客价值，赢得参与未来竞争的核心竞争力。

波司登瞄准供应链与物联网深度集成的发展方向，推动智能装备升级、数字化接入、模式创新和行业外部资源整合，全力打造更为智能的数字化配送中心，全面部署自动化作业流程，以实现全流程信息互通、创新互融，构建供应链的智慧能力、技术能力和服务能力。

从2019年开始，波司登在数字化赋能下打造智能工厂，建设柔性供应链，精准运营顾客，实现了柔性快反、品质卓越、成本领先，“线下门店+线上云店”协同发展，产销和销产实现双向互动：线下尝试拓客拉新、离店销售、社群营销等新零售手段，提升消费者体验；线上大力推动精准会员经营，导入粉丝种草、红人直播等新零售手法，用新打法多触点链接时代消费人群，赢得国内外主流消费者的喜爱。

### （五）疫情中大浪淘沙

2020年初，波司登基于阿里云建立数据中台，打通全渠道数据；基于专属钉钉，支持经销商、供应商、生产工厂等在一个平台上进行业务协同，实现了品牌商、渠道商、供应商上下游伙伴间的高效协同；基于专属钉钉，打造了统一数字化协同平台，实现了组织、业务的在线化和数字化。

2020年，在“双11”购物节期间，波司登全渠道销售额突破18亿元，在天猫平台25万个品牌中排在前列。

2020—2021财年，波司登新增企业微信好友超过930万人，微信公众号粉丝超过670万人，天猫注册会员超过476万人。

2022年上半年，波司登旗下全品牌线上销售收入约为9.16亿元，同比上升29.6%。2022年11月12日，波司登抖音销量突破1亿元；平台销量位列天猫女装第一、男装第二，京东女装第一、男装第一，唯品会女装第一。

## 四、数字化转型效果

### （一）“智改数转”提质增效，巩固羽绒服专家地位

波司登品牌每件羽绒服都经过62位工艺师、150道工序和极端环境测试，单件全流程质量可追溯，充绒准确率、行线精准度提升到100%，有力地支撑了品牌产品升级。波司登在中国羽绒服中高端市场一枝独秀，品牌客群不断年轻化，同时向一、二线城市倾斜。

波司登羽绒服品牌认知度高达97%，在2020年中国顾客满意度指数（C–CSI）羽绒服 / 棉衣满意度排行榜中位居第一。2021年，波司登首次入选英国知名独立品牌评估机构 Brand Finance 公布的“2021年全球最具价值服饰品牌排行榜50强”，增速排名第三，增幅高达39%。

### （二）大数据洞察高效协同，打造全链协同供应生态

波司登引进先进的智能制造装备、自动化流水线，自主研发服装智能制造系统，行业首创自动充绒、自动包装、自动模板等关键技术装备，实现跨行业对标、部件化生产、品类无障碍切换和部分流程无人化作业。供应链核心业务实现在线拉通、三屏联动和人机交互，实现行业内仅有的每日订单、每日补货。

波司登不断进行业务数字化价值链的打造，形成供应链数字化作战支撑系统，实现了产地可干预、质量可溯源、产量精准可控、质量透明可视，呈现出智能技术研究、检测、制造、定制、仓储一体化的数字化场景，为自主服装品牌"走出去""走上去"开拓了创新路径。

### （三）开放创新数智经营，引领中国制造升级发展

波司登彻底解决了服装行业供应与消费者真实需求不匹配、库存积压和结构性缺货等问题，促进和引领中国羽绒工业及企业所在地高端服装产业转型升级，为行业进步及区域经济高质量发展提供了范例。

## 五、案例小结

疫情过后，市场需求正加快向头部企业和品牌商品集中，有实力、有态度、有情怀的中国品牌应该敢于走出舒适区、挑战"无人区"、抢占制高点，在输出中国品牌和中国商品的同时，积极传播中国文化、生活方式、审美和价值观，影响全球消费市场。

数智化转型的"未来已来"，真正的5G时代是万物互联的时代，是一切业务数据化、一切数据业务化的时代。从"全球热销"走向"全球领先"，波司登踔厉奋发、行稳致远，成为国家品牌实力的代表。

## 六、案例思考

（1）请分析波司登数字化转型面临的挑战，并解释数字化转型在解决这些挑战方面的作用。

（2）以波司登的数字化供应链为例，说明数字化技术在提高生产效率、降低成本以及提升产品质量方面的优势和实践经验。

（3）你如何看待波司登在品牌发展中主动拥抱数字化变革的做法？你认为这种变革会带来哪些好处和潜在挑战？

（4）请以波司登的线上和线下融合发展为例，探讨数字化转型对零售业态的影响，尤其是在消费者体验、销售渠道优化和市场竞争力方面的作用。

（5）分析波司登如何利用数字化手段化解疫情影响、提升销量和促进组织协同。

# 第二章 02

# 聚道中心

## “深圳设计 + 常熟智造”，聚道剑指数质品牌

在服装行业，设计不是生意，而是战略。聚道可能就是促进常熟高端女装行业实现战略升级的那条鲇鱼。

——聚道中心总裁　卓洪波

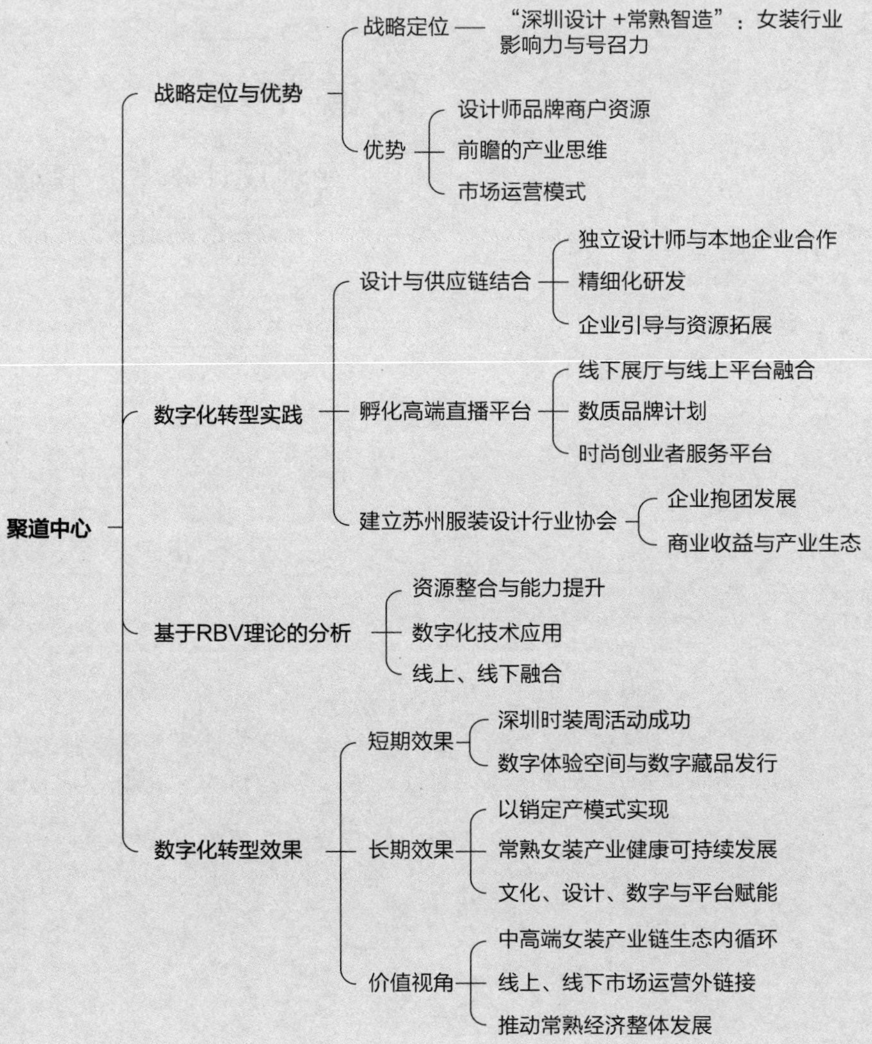
聚道中心
战略定位与优势
战略定位
“深圳设计 +常熟智造”：女装行业影响力与号召力
优势
设计师品牌商户资源
前瞻的产业思维
市场运营模式
数字化转型实践
设计与供应链结合
独立设计师与本地企业合作
精细化研发
企业引导与资源拓展
孵化高端直播平台
线下展厅与线上平台融合
数质品牌计划
时尚创业者服务平台
建立苏州服装设计行业协会
企业抱团发展
商业收益与产业生态
基于RBV理论的分析
资源整合与能力提升
数字化技术应用
线上、线下融合
数字化转型效果
短期效果
深圳时装周活动成功
数字体验空间与数字藏品发行
长期效果
以销定产模式实现
常熟女装产业健康可持续发展
文化、设计、数字与平台赋能
价值视角
中高端女装产业链生态内循环
线上、线下市场运营外链接
推动常熟经济整体发展

## 一、案例背景

近年来，常熟服装产业遭遇空前挑战，外贸订单不断受到冲击，内销市场竞争异常激烈。年轻消费者的认知快速迭代，消费需求不断升级，直播新零售乘势崛起，仅凭效率高、成本低的传统优势已无法使常熟适应从供应链驱动到需求链驱动的剧变。在面临转型的关键时期，常熟产业主管部门顺势而为，积极引导当地传统服装市场向服装时尚产业升级。在这一背景下，常熟服装城集团有限公司与深圳聚道独立设计师平台合作，成立了常熟聚道中心（以下简称“聚道中心”）。

聚道中心定位高端女装原创设计师平台，依托常熟服装城国内服装批发流通的强大影响力，嫁接深圳聚道丰富的设计师品牌商户资源、前瞻的产业思维及市场运营模式，整合常熟女装产业生态链，打破销售与供应瓶颈，实现女装流行线路南移，寻求以销定产的产业升级路径，打造常熟版“聚道独立设计师中心”。该中心的愿景是成为时尚创业者服务平台，核心策略是将深圳设计与苏州（常熟）智造融合，打通数字品牌战略路径。

## 二、战略定位与优势

### （一）“深圳设计 + 常熟智造”

常熟在服装领域具有很大优势，女装发展呈现厚积薄发之势。常熟女装商圈的高质量发展，需要一个在女装行业有号召力和影响力的平台，聚道中心应运而生。聚道中心将深圳最前沿的设计资源引入常熟，与本土市场和企业结合，持续推进设计师品牌的孵化；与柔性供应链企业合作，整合常熟服装产业生态链，形成“深圳设计 + 常熟智造”的战略定位。

### （二）聚道中心的战略优势

1. 丰富的设计师品牌商户资源

聚道中心拥有万余平方米常态 Showroom 的深圳聚道独立设计师平台，共享数百位签约设计师的理念，使得常熟高端女装的时尚设计水准大幅提升。百里挑一的独立设计师是聚道中心的核心竞争力。这些资深设计师通常要用十年左右的时间，从总监成长为创业者，再从创业者成长为独立设计师。

2. 前瞻的产业思维

聚道中心是常熟十大转型升级重要平台之一，也是常熟服装城打造以时尚产业为引领的服务业聚集区的重要载体。聚道中心主动与设计师相关协会合作，主动联络高端服装生产企业和服装面料生产企业，推动成立常熟女装产业联盟；通过促进高端服装行业上下游生产商之间的合作，结合“深圳设计 + 常熟智造”的模式，为常熟女装设计生态更新换代注入时尚基因，进而辐射长三角时装产业，助力常熟服装行业高质量发展。

3. 市场运营模式

聚道中心是目前国内唯一线上、线下融合的设计供应链服务平台，已与国内外几百名设计师实现了多种形式的合作。以销定产是聚道中心的目标策略。目前，订货会、买手店是其主要运营模式。未来，聚道中心将重点打造数字品牌，落实以销定产策略。

## 三、数字化转型实践

### （一）探索设计与供应链相结合的高效工作模式

聚道中心探索设计与供应链相结合的高效工作模式，目的在于融合深圳与常熟的产业优势，提升常熟高端女装产品的层次。聚道中心对这部分业务没有设置盈利预期。

常熟现有部分代工厂也在做产品研发，但成功案例寥寥。根本原因在于产品研发与市场需求脱节。例如，生产企业与其雇佣来的设计师对研发方向不明确，更没有主动沟通以达成共识的过程。在没有确定研发产品市场定位的情况下，根本不清楚产品要销售到哪里去，导致双方合作难以形成实质成果，严重打击了常熟生产企业进行产业升级的信心。

与之形成鲜明对比，聚道中心匹配资深设计师和常熟当地企业，并为其联合研发提供家政式服务。独立设计师和本地企业联合做产品研发面临以下挑战：彼此信任基础不牢、研发投入大、研发结果被认可的概率低。双方之间磨合的过程是痛苦的，但这是常熟产业升级必须经历的。

为了探索设计与供应链结合的高效工作模式，聚道中心设计了以下两条路径：

第一，向常熟企业推荐独立设计师，设计师首先免费为企业做简版企划，在尽量降低研发投入的前提下，确定产品的市场定位。聚道中心鼓励设计师与常熟企业在冬装产品研发上加强合作，在充分发挥常熟产业基础优势的同时，激发独立设计师的工作热情。在合作研发的过程中，聚道积极参与双方的沟通，客观理性地看待各自存在的问题，并提出针对性建议，创造良好的合作氛围。

第二，双方达成共识后，设计师根据约定为合作企业做单品设计。在此过程中，聚道中心引导企业和设计师实施精细化研发，强调研发的精准高效，让企业边研发边看到成效。

在这个过程中，聚道中心获得了以下经验：

第一，对常熟企业做好引导，使其认识到企划的重要性，改变习惯简单商业模式的惯性；帮助企业拓展研发所需资源、供应商等。出身于时尚行业的深圳独立设计师对目标市场、流行色等信息高度敏感，与习惯于简单做订单的生产企业沟通确实要经历一段非常痛苦的磨合过程。

第二，识别常熟在软资源方面存在的不足，向当地主管部门提出建议。要突破常熟高端女装的研发格局，必然需要当地政府主管部门的介入，以尽可能降低企业研发成本。例如，呼吁政府搭台，积极做好时装周、展会等线下推广，尝试在批发市场举办时装走秀等活动。

第三，呼吁政府制定服装行业高端人才引进政策和研发项目资金扶持政策等。例如，可以设立创业基金，吸引有实干精神的设计师来常熟进行开发，还可以设置结构设计师、工艺设计师专项培养计划等。常熟应出台相关政策，从杭州、深圳等地引进服装产业所需高端人才。

第四，识别深圳和常熟的地域文化差异，做好文化建设。常熟本地企业普遍存在缺乏主动学习的动力、对市场不敏感等问题。深圳职场文化以完成目标为导向。文化的差异需要时间的打磨，政府、协会、平台、企业、设计师等各方都应重视起来，要有足够的耐心和信心。

### （二）在常熟孵化高端直播平台

把握移动互联网时代的机遇，在常熟孵化独立设计师品牌店铺的高端直播平台是聚道中心的核心业务，孵化内容是 100 个独立设计师品牌，孵化业务包括线下和线上两部分。

线下部分相当于传统批发市场的升级版，物理空间采用展厅，规模约 1 万平方米。聚道中心以家政服务模式为这 100 个独立设计师品牌提供统一的运营服务和市场服务，包括培训员工，辅助获客，检查销售员是否每天打卡、陈列和卫生等标准工作是否完成，组织店铺统一参加推广活动等。

线上部分经历了三个阶段，分别是 2015—2017 年的微商运营模式、2017—2020 年的公众号平台模式、2021 年开始的高端直播平台模式。

高端直播平台模式的本质是数字品牌计划。高端，是指价格不虚贵、精工制造、有设计感。为了保证产品的高端品质，在产品成本结构中，要为设计师预留利润空间。为了让消费者接受价格，要对销售渠道进行扁平化处理，降低流通成本。

数字品牌计划的目标是将常熟高端女装品牌从淘宝水平提升到天猫水平，打造直播渠道的独立设计师品牌。为了提升数字品牌计划的成功概率，聚道中心选择了一位创始人作为第一个人设品牌进行打造，并基于孵化的第一个设计师品牌建立媒体矩阵，以打开流量。此外，吸引常熟本地认同时尚空间的年轻人加入该计划，共同打造时尚创业者服务平台。

基于独立设计师品牌孵化业务，聚道中心的收入结构不断变化，服务收入占比越来越高。该业务是重度运营项目，需要很多人才，投资回收期长。常熟服装城作为项目合作方，前期有一定投入。此外，聚道深圳总部在人才、产品、资金等方面均提供了有力的支撑。聚道中心通过校招、社招等方式招聘运营团队人才和直播人才。

在这个过程中，聚道中心获得了以下经验：设计是战略，不是生意，提升常熟服装产业设计水平，需要从不同维度做出努力。例如，从视觉维度来看，常熟服装城需要做统一方案，改变现有氛围；从文化维度来看，常熟应挖掘三千年文化基因，扛起文化品牌大旗；从区域一体化维度来看，常熟应多发挥名片效应，充分利用与上海、苏州等地一体化发展的优势。

### （三）建立苏州服装设计行业协会

建立苏州服装设计行业协会，可以满足企业抱团发展的需求。该协会与苏州服装商会的属性不同。对企业而言，加入苏州服装设计行业协会能在以下两个方面受益：

第一，商业收益。聚道中心可以为商业化落地的项目在深圳提供50~100 平方米的展厅，每年实现 1000 万 ~3000 万元的销售额。这样可以激励企业把合作研发项目做到符合市场预期，并将成本控制得比深圳还低。此外，苏州服装设计行业协会获批后，具有政府授权的性质，可以名正言顺地开展一些促进行业发展的活动，为会员企业创造福利。

第二，形成产业生态。在苏州服装设计行业协会里，会员企业不谈交易，先谈链接。该协会可以定期组织各种专题交流与学习活动，还可以设立自媒体、面料、生产制造等不同主题的联盟，形成与产业生态相匹配的产业协力组织，积极促进产业各方面的可持续发展。

## 四、基于 RBV 理论的分析

### （一）资源基础理论概述

资源基础理论（Resources-Based View，RBV）起源于 Penrose（1959）的研究。她认为，一家企业是“一个监管系统中资源的集合”，这里的“资源”既包括有形资源（如工厂、设备、土地、自然资源、原材料、半成品等），也包括无形资源（如技术工人与非技术工人，管理人员与管理方法、信息、声誉等）。一家企业生长的边界由它可控资源的数量和质量决定。Wernerfel（1984）进一步提出，“企业内部资源是维持企业竞争优势的源泉”，得到学术界的普遍认可，逐渐形成了企业的资源基础学派。之后，Barney（1991）提出 VRIO 模型，将资源的价值、稀缺性、难以模仿性和组织性四个方面看作企业获得竞争优势的四个条件。Hult（2007）提出“战略资源—战略行为—战略绩效”的框架，认为企业的战略资源或能力通过影响企业的战略行为改变企业的战略绩效。

Teece Pisano 和 Shuen（1997）认为，动态能力就是公司为了适应动态的环境发展出的整合、建立和重新建立内部与外部竞争优势的能力。管理和组织的流程决定了公司的竞争优势，而资源定位和路径共同影响流程并与流程共同构成了决定企业竞争优势的因素。Eisenhardt 和 Martin（2000）认为，动态能力是企业适应环境改变甚至创造改变而发展的流程或惯例。Teece Pisano 和 Shuen（1997）并没有说明动态能力的性质。Eisenhardt 和 Martin（2000）认为，动态能力具有共性、等效性和可替代性等。另外，他们不同意可持续竞争力可以获得的观点，而是认为可持续竞争力在高度动态的市场下几乎不存在，可行的办法就是通过学习不断培育短期竞争力。

在本案例中，我们对 RBV 理论与动态能力理论进行了整合，按照“资源—能力—结果”的逻辑构建分析框架，如图 2–1 所示。

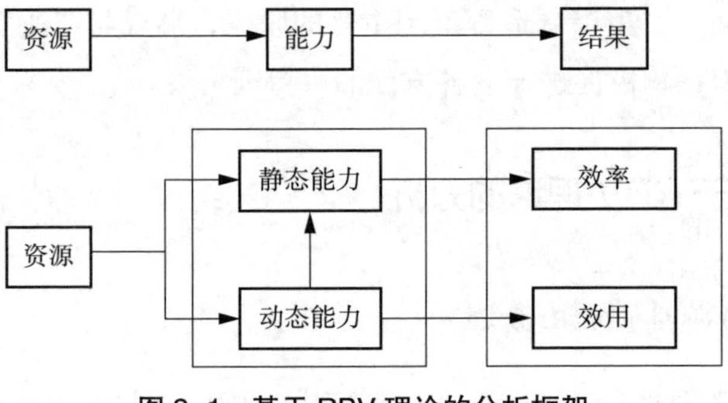


**图 2–1　基于 RBV 理论的分析框架**

企业资源可转化为静态能力和动态能力。静态能力产生效率，动态能力产生效用。动态能力不直接产生效率，而是要先转化为静态能力才能产生效率。

图 2–1 的分析框架，既有助于我们更深入地理解企业资源对企业静态能力和动态能力的影响，也有助于企业探索从现有资源、能力和结果转型到未来资源、能力和结果的路径与机制。本书案例均采用上述分析框架。

### （二）聚道中心的资源状况分析

在人力资源方面，聚道中心聚集了 100 多个独立设计师品牌，为买手店提供精准推荐和专业化的门店运营服务——将设计师、穿搭讲师、店员培养成时尚主播。聚道中心为新渠道品牌提供相对精准的品牌产品推荐、买手企划服务、零售门店粉丝社群实操训练、美学搭配培训服务及物流服务等。

在信息技术资源方面，聚道中心采取线上融合线下的设计供应链服务平台策略，借助互联网创新技术与数字化营销优势，设立“聚道独立设计师平台”微信公众号、微博、抖音、小红书、小程序等全渠道营销矩阵，开设“直播拿货”“设计品牌馆”“新零售学院”三大核心区，进行高端女装 2B 直播、精品品牌展示及干货分享，是服务全国买手的“专业直播 + 商城采购”平台。

在制造资源方面，常熟聚道中心布局了 2 万平方米的商业综合体，与 36 家优秀供应链企业建立战略联盟，形成了“深圳 & 上海设计 + 常熟智造”的中高端女装产业链生态闭环。

在供应链资源方面，聚道中心汇聚了超 200 家 ShowRoom（展厅），提供“一站式”设计师品牌体验与采购平台。聚道中心充分利用供应链资源为原创设计师服务，并为全国买手赋能，提高了货品流通速度与资金效能。

聚道中心的资源状况见表 2–1。

聚道中心现有各类资源可以保证自身运行的稳定性，并且丰富服务形式、提高服务质量。良好的经济效益可以保证企业健康稳定发展。展区大、门店多，可以保证受众数量和流量。未来，这些能力可以更高效地助推常熟服装产业转型升级，通过进一步为常熟服装企业精准定位客户群提升销量，助力企业增收。

表 2–1 聚道中心的资源状况

| 序号 | 资源类型 | 资源名称 | 资源特点 | 能力 | 结果 |
|---|---|---|---|---|---|
| 1 | 人力资源 | 独立设计师品牌 | 数量多 | 为买手店提供精准推荐和专业化的门店运营服务 | 精准化、专业化服务 |
| | | 设计师、穿搭讲师、店员 | 职业种类数量多 | 带货、直播能力提高销售量 | 培育大量时尚主播，推进专业直播，扩大品牌影响力 |
| 2 | 信息技术资源 | 设计供应链服务平台 | 全渠道营销矩阵 | 线上融合线下 | 扩大品牌影响力 |
| | | “专业直播 + 商城采购”平台 | | | |
| | | 互联网创新技术与数字化营销 | | 迎合数字化潮流 | 转化与生产能力提高；打造柔性化、智能化产品 |
| 3 | 制造资源 | 2 万平方米商业综合体 | 规模大、效率高 | 规模制造、节约资源 | 解决用工难问题，提高效率，扩大产能 |
| | | 供应链企业战略联盟 | | | 形成“深圳设计 + 常熟智造”的中高端女装产业链生态闭环 |
| | | 为新渠道品牌提供相对精准的品牌产品推荐 | | | 扩大产品影响力 |
| 4 | 供应链资源 | “一站式”设计师品牌体验与采购平台 | | | |
| | | 供应链资源服务好原创设计师 | | | 提高货品流通速度与资金效能 |
| | | 与 36 家优秀供应链企业建立战略联盟 | 数量多、优质 | 保证供应链牢固且质量稳定 | 增强客户黏性 |

## （三）聚道中心的能力状况分析

### 1. 动态创新能力

从企业内部来看，聚道中心聚焦打造设计师的理念空间，构建集设计师、制版、面辅料、生产和销售于一体的，线上、线下融合的设计供应链服务平台。聚道中心开展“聚道一小时”活动，联合各界知名人士分享服装以及与生活相关的理念；还举办“种一棵树”活动，请知名艺术家与设计师在聚道空间为不同的服装门类虚拟种树，可以是独立风格，也可以是联名设计。

从外部视角来看，聚道中心运营团队联合独立设计师品牌活跃在各大高端时尚展会，将深圳、上海最前沿的设计资源引入常熟，使其与常熟市场环境高效融合，进而通过“共享版房”运营，持续推进女装品牌的孵化以及柔性供应链、生产链的协同，以集聚平台的设计人才资源叠加常熟的智能制造，为常熟日渐老化的女装设计生态注入新的基因。数字化的发展为常熟女装产业的转型带来了新的契机。

聚道中心通过综合利用信息技术资源、财务资源、市场资源和供应链资源等，保障了动态创新能力的形成。动态创新能力有助于提升品牌品质、口碑及影响力，“以销逼产”有助于提升服装企业响应能力，缓解产能过剩等问题，并将推动新零售改革。

2. 敏捷能力

敏捷能力表现在感知能力、响应能力和学习 / 转化能力等方面。

在感知能力方面，聚道中心认识到市场是“市”与“场”的组合，即“需求 + 空间”，有需求才能促进交易，有空间才能实现交易。只有扩大需求，才能真正扩大市场份额，进而在各大时装周期间展示女装风采。聚道中心通过数字化分析，结合平台渠道，进行精准定位，深挖市场需求，从需求反推生产。

在响应能力方面，聚道中心通过深圳、上海的时尚展和苏州（常熟）时装周，展示常熟女装产业的转型与升级成果，打造常熟女装中高端产品，积极持续对外推广，提升影响力。聚道中心还打造出“聚道中心 + 常熟女装”的全媒体矩阵。

在学习 / 转化能力方面，聚道中心学习和模仿新零售变革，通过数字化应用，对外链接各个销售平台与端口。

3. 常规运作能力

聚道中心的常规运作能力体现在从设计、生产到市场推广的全流程中，旨在通过系统化的运作，实现常熟女装产业的转型升级。

（1）设计与研发。

在设计创新方面，聚道中心与深圳、上海等地的前沿设计资源合作，引入最新设计理念，通过联名设计、打造设计师理念空间等形式，推动常熟女装设计水平的提升。

在产品研发方面，聚通中心联合常熟本地企业，进行产品策划与研发，确保产品设计与市场需求紧密结合，在此基础上，提高产品研发的成功率。

（2）生产与制造。

在智能制造方面，聚道中心依托常熟强大的服装制造基础，与柔性供应链企业合作，实现快速响应市场需求的智能制造。

在品质控制方面，聚道中心建立了严格的质量管理体系，确保每件产品都符合高品质标准，以提升常熟女装的品牌形象。

（3）市场推广。

在品牌宣传方面，聚道中心通过时装周、展会等线下活动，以及社交媒体、直播等线上渠道，提升常熟女装品牌的知名度和影响力。

在渠道拓展方面，聚道中心建立线上、线下融合的销售网络，拓展国内外市场，提高常熟女装的销售量和市场份额。

（4）产业融合。

在文化融合方面，聚道中心将常熟的文化元素融入服装设计，打造具有地域特色的服装品牌，提升常熟女装的文化内涵。

在跨界合作方面，聚道中心与文创、旅游、展会等行业进行跨界合作，拓展常熟女装的产业链，形成多元化的产业生态。

综上所述，聚道中心通过整合内外部资源，在计划、设计、市场等方面都采取了系统化的策略，旨在推动常熟女装产业转型升级，提升品牌竞争力和影响力。

### （四）聚道中心的数字化转型效果

2022 年 4 月 23 日至 30 日，聚道中心独立设计师平台联合常熟服装设计师品牌，在招商蛇口意库价值工厂举办 2022 深圳时装周活动。本届深圳时装周活动以“时尚元宇宙”为主题，推出了全新的数字体验空间，虚拟天团首次亮相，数字藏品发行，同时推出了数字订货平台，助力服装商家稳定供应及常熟服装设计师品牌渡过难关。从长期来看，聚道中心通过数字化应用，对外链接各个销售平台与端口，可以实现以销定产，促进常熟女装产业的健康持续发展，达到文化导向、设计切入、数字驱动、平台赋能的效果。一个产业带的升级转型，需要有为政府搭台、协会组织链接、企业把握有效市场。

从价值视角来看，“深圳设计 + 常熟智造”的模式一方面实现了中高端女装产业链的生态内循环，另一方面实现了线上、线下市场运营的外链接。销售、设计与供应的共享共建，必然会推动常熟女装进入“以销定产”的新销售时代，同时推动常熟经济的整体发展。

聚道中心的综合能力得到了提升，把握潮流趋势和数字化转型的意识也有所提高。聚道中心年交易额的攀升体现了其数字化转型的效率与效果。

## 五、案例小结

聚道中心拥有巨大的线下优势：巨大的展区、优质的供应链企业战略联盟、2 万平方米的商业综合体、超 56 家门店、100 多个独立设计师品牌。线下优势 + 线上平台创新，展现了聚道中心独特的竞争力。

优质的设计师资源是聚道中心最为核心的价值。聚道平台衍生出的 3D 数字样衣展厅、内容演播厅、时尚运营中心等，都是为了让设计师资源发挥更大的价值。常熟的服装产业蓬勃发展多年，一直缺少的就是高端的设计，所以引入聚道中心助推常熟服装产业转型升级是明智之举。

自 2018 年起，聚道中心在行业内率先打造高端女装 2B 直播。对平台而言，关键是要形成轻奢优雅区、欧美极简区、个性潮流区、都市自然区、国风设计专区等全风格全品类的专业服装供给体系。聚道中心在业内占据了很好的生态位，在高端女装 2B 直播这一细分领域走在了前列。

聚道中心融合常熟独有的文化和资源，以服装为载体，以设计为动力，将文创、旅游、展会融入其中，打造常熟独特的城市 IP，推动服装产业转型升级。

## 六、案例思考

（1）分析聚道中心选择“深圳设计+常熟智造”作为其战略定位的原因，讨论这种跨地域合作模式在促进产业升级方面的优势和可能面临的挑战。

（2）探讨聚道中心如何通过数字品牌战略路径和以销定产策略，应对市场变化和消费需求升级的挑战，提高企业竞争力。

（3）分析聚道中心整合常熟服装产业生态链，打破销售与供应瓶颈的具体措施及其对常熟高端女装行业发展的影响。

（4）评估聚道中心探索设计与供应链相结合的高效工作模式的实施过程中遇到的主要困难及解决方案，以及这种模式对产品研发和市场定位的贡献。

（5）探讨聚道中心孵化高端直播平台的策略，分析它应该如何把握移动互联网时代的机遇，助力常熟高端女装品牌提升市场竞争力。

# 第三章 03

# 知衣科技

## 用大数据寻找电商服装爆款

人工智能是一个工具，不是一个行业，它只有落地到具体行业，才能创造核心价值并树立核心壁垒。我们希望把大家的智慧分享出来，成为一个行业的智慧。

——知衣科技创始人　郑泽宇

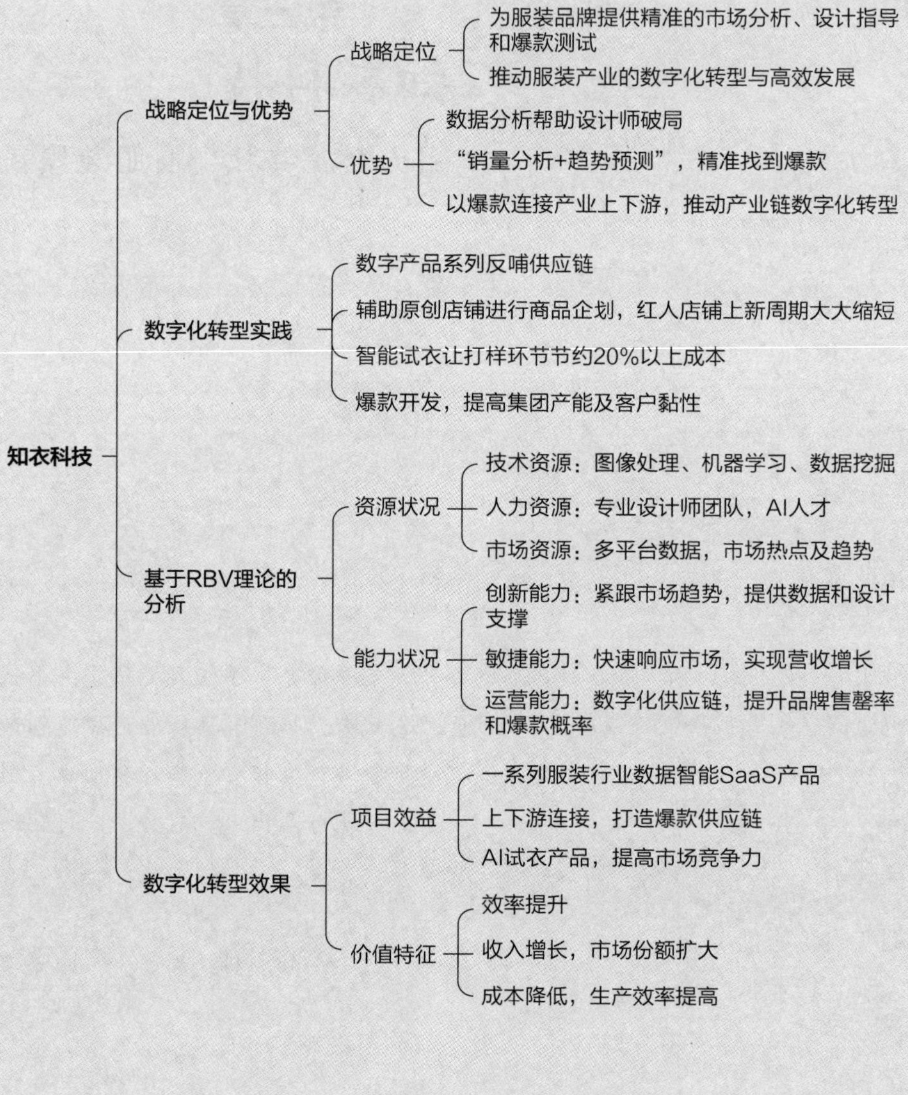
知衣科技
战略定位与优势
战略定位
为服装品牌提供精准的市场分析、设计指导和爆款测试
推动服装产业的数字化转型与高效发展
优势
数据分析帮助设计师破局
“销量分析+趋势预测”，精准找到爆款
以爆款连接产业上下游，推动产业链数字化转型
数字化转型实践
数字产品系列反哺供应链
辅助原创店铺进行商品企划，红人店铺上新周期大大缩短
智能试衣让打样环节节约20%以上成本
爆款开发，提高集团产能及客户黏性
基于RBV理论的分析
资源状况
技术资源：图像处理、机器学习、数据挖掘
人力资源：专业设计师团队，AI人才
市场资源：多平台数据，市场热点及趋势
能力状况
创新能力：紧跟市场趋势，提供数据和设计支撑
敏捷能力：快速响应市场，实现营收增长
运营能力：数字化供应链，提升品牌售罄率和爆款概率
数字化转型效果
项目效益
一系列服装行业数据智能SaaS产品
上下游连接，打造爆款供应链
AI试衣产品，提高市场竞争力
价值特征
效率提升
收入增长，市场份额扩大
成本降低，生产效率提高

## 一、案例背景

近年来，我国纺织服装业发展较快，服装电子商务整体规模稳步扩大，在线化程度持续提高，但存在主观潮流把控难、试错成本高、信息化程度低、产销分离等问题。

在服装电子商务行业发展至深水区的现实情况下，如何准确把握行业发展趋势、洞察消费者需求、预测服装爆款、打造产销一体的爆款供应链？知衣科技开辟了一条新路径：以图像处理、机器学习、数据挖掘为核心，解决服装款式图片搜索推荐、生产与销售平衡等难题，将人工智能和数据挖掘领域的前沿技术转化为服装产业生产力。

知衣科技是一家以人工智能技术服务服装行业的科技公司，创立于2018年2月，创始人郑泽宇从服装设计环节切入，针对服装行业难题，以自开发的知衣、知款、易选等数字化工具，帮助服装品牌和商家以数据为基础做出低风险经营决策，提升了运营效率，扩大了市场份额，推动服装企业信息化、数字化建设，助力服装产业升级。

## 二、战略定位与优势

郑泽宇曾就职于Google（谷歌），任高级工程师，主攻大数据提升及AI（人工智能）处理分析。正是这段经历，让这个理工男在2015年发现了服装行业AI运营方案的缺失，创建了专注于为服装品牌服务的知衣科技。这是一个在流量渠道中崛起的品牌，擅长基于数据分析和理解消费者行为。知衣科技的战略定位是，利用大数据和AI技术，为服装品牌提供精准的市场分析、设计指导和爆款测试，推动服装产业的数字化转型与高效发展。

知衣科技的优势如下：

### （一）数据分析帮助设计师破局

设计师对潮流的主观判断试错成本较高。知衣科技创始人郑泽宇表示："服装设计师最核心的工作并不是发现灵感并进行创作，而是选款，精准找款是设计师的核心能力。"那么，该怎样做出爆款，去哪里发现爆款，怎么判断哪些是爆款呢？设计师必须尽可能精准地找到适合品牌受众的款式。寻找时尚灵感、判断时尚趋势是设计师面临的极大挑战。在传统模式中，设计师主要依靠主观判断去寻找，缺乏市场数据和反馈信息的支撑。单纯依靠设计师人力找款存在两个弊端：不可控和不可复制。不可控，是指设计师在找款的过程中必定会受到个人主观意识的影响，受众接纳度不确定；不可复制，是指即便设计师找款能力非常强，整个设计师团队也未必能达到这种水平。

哪种风格接受度最高？哪种颜色、纹理更受欢迎？一方面，可以在行业排行榜上查看不同类目在不同时间段的热销和飙升情况，实时获知当下流行的款式，为拿货选款提供准确的方向；另一方面，对全网监控的商品可以按照在售和已下架进行筛选，已下架商品可以按照销售、收藏、评价等进行排序，通过对历史数据的分析，把握延续款和平销款的分配比。

### （二）"销量分析 + 趋势预测"，精准找到爆款

在传统模式下，行业数据收集效率低且无法进行聚合分析。在服装企业，设计师接触到的数据化信息非常有限。服装企业的数据提供方通常基于数据思维、互联网思维提供产品数据，这与设计师的数据使用习惯相去甚远，在以数据分析指导设计和生产方面显得有些力不从心，设计师在不了解整体市场行情的情况下设计出的款式也很难得到消费者的青睐。

知衣科技在和大量设计师进行沟通后，发现设计师群体普遍缺乏产品需求归纳整理能力，而从海量数据中获取信息并进行分析是知衣科技的优势。具体来说，知衣科技在数据分析和趋势预测方面具有以下优势：对客户而言，能够收集、整理并分析商家定价、颜色等数据，为他们快速找到服装爆款提供帮助；对服装企业而言，可以对"双 11""6・18"等重要活动或节日中流行元素等的畅销数据进行系统分析，预测市场情况，指导

设计师设计出符合市场需求的款式。知衣科技通过具象数据分析，为前端红人提供从设计到供应的一条龙解决方案，从而帮助商品部门更好地进行商品规划。此外，知衣科技能够收集竞店新品及预售商品销量、收藏等数据，以大数据算法提取商品标题流行词，洞察近期流行热点，通过数据分析找到爆款趋势。

### （三）以爆款连接产业上下游，推动产业链数字化转型

产销分离、前后端脱节是服装产业的痛点。郑泽宇表示："随着电商发展速度加快，服装行业呈现出一种趋势品牌和设计逐步分离的现象。直播电商的出现，让前端品牌、流量与后端设计和供应脱节。"在整个服装产业链，设计和供应环节是与市场端、零售端同样重要的高价值环节，然而设计和供应环节却缺乏优质数字化服务供应商。具体来说，服装设计环节作为行业的重要引擎，存在数据在线化程度低、设计数据体量大、结构化程度低等问题，这也导致整个服装行业信息化水平较低、生产效率不高。当品牌红利见顶，下一阶段产业将更多兼顾增收和降本提效，在此背景下，选款设计和供应链管理成为企业发展的重中之重。

知衣科技积累服装行业数据、整合产业资源，着重在产业后端发力，为设计和供应环节赋能，通过人工智能技术搜集并分析海量爆款，为后端进行更科学合理的决策提供参考，从而使前端将更多精力放在相关决策上，如打造品牌、吸引流量等。此外，知衣科技以爆款作为连接生产商和带货红人的重要桥梁，通过数据化方式将合适的款式提供给红人，积累服装订单，用爆款撬动更多红人和品牌资源，再把爆款赋能给更多供应链和厂商，以"大数据+AI"连接产业链上下游，做好供求匹配，简而言之，就是以爆款连接供应商、设计和品牌，以数字化供应链带动服装产业链更高效发展。

## 三、数字化转型实践

### （一）数字产品系列反哺供应链

在与服装企业不断碰撞的过程中，知衣科技迭代了五款产品：知

衣、知款、易选、炼丹炉、抖音优选。据郑泽宇介绍，知衣是以淘系数据为主的电商大数据爆款挖掘与趋势分析工具，知款是以社交媒体包括Instagram、微博、小红书、电商网站、秀场、档口等数据为主的时尚趋势灵感发现工具，炼丹炉是以快手数据为主的爆款挖掘与趋势分析工具，这三款产品主要为电商平台、服务商、工厂提供服务。

此外，易选作为布局于流量端的产品，核心功能是帮助直播红人进行货品的管理和排期，其实质就是帮助红人选货。抖音是重要的营销渠道和商家销售渠道，知衣科技通过搜集抖音爆款数据洞察市场上的所有服装爆款，因此上线了抖音优选。

### （二）辅助原创店铺进行商品企划，红人店铺上新周期大大缩短

随着直播的兴起，店铺上新节奏越来越快。新的服装商业模式对款式和数量的需求越来越大，对开款效率的要求也越来越高。从传统服装品牌每年上新3000~5000款到现在直播网店每月上新2000款，知衣科技通过数据分析工具，在帮助设计师保证开款质量的同时，提高了开款效率，同时提升了企业的运营效率。知衣科技辅助原创店铺进行商品企划，帮助服装从业者监控店铺数量从最初的10家增加到200家，款式上线周期从3周缩短到1周，开发款式数量从每月50款增加到每月200款。

### （三）智能试衣让打样环节节约20%以上成本

太平鸟集团是一家线下门店超过4500家、电商营收位居国内品牌前列的服饰公司。知衣科技为太平鸟集团提供的智能试穿功能，支持样品模板和图案的定制匹配，为设计师在服装采样的前期工作中提供样品服装的最终试穿效果，帮助设计师直观判断是否需要进行下一步的样品服装生产。《2024数商产业场景调研报告》中提到，“熟练地使用智能试衣，帮助太平鸟过滤了50%以上的不合理搭配，在打样环节节约20%以上的成本”。

### （四）爆款开发，提高集团产能及客户黏性

知衣科技为华鼎集团提供女装全品类新款、爆款开发服务，在更深层次丰富了产品线。在定款、选款方面，知衣科技提供全面的产品及数据支

持，以降低款式开发成本，并以数字化供应链连接服装设计、生产、流通全流程，以提高集团产能及客户黏性。

知衣科技组建设计师团队负责设计和生产样衣，每月可以稳定产出2000~3000件潮流样衣，品牌方（厂家）以较低的成本借用这些样衣，可以节约找款、开款成本。此外，知衣科技和带货红人合作，组建红人服饰供应链。知衣科技组建了专门的团队，希望能做成服饰类生态，基于前端数据收集分析，紧跟市场趋势，合理整合后端供应商、工厂的生产制造能力，服务更多品牌 / 红人。

## 四、基于 RBV 理论的分析

### （一）知衣科技的资源状况分析

在技术资源方面，知衣科技依托图像处理、机器学习、数据挖掘等核心能力提供高效的素材搜索工具抓取、时尚图片素材收集等服务，辅助设计师完成服装设计，为电商买家和品牌提供时尚趋势挖掘、服装款式图片搜索、服装上新日报及店铺管理等服务。知衣科技依托自主研发的知衣、知款、易选、炼丹炉、抖音优选等数字化工具，帮助品牌及商家降低经营决策风险，提升运营效率，助推服装产业升级以及 AI 和数据挖掘领域的前沿技术转化为服装行业生产力。知衣科技广泛搜集各平台数据，通过自主研发的数据抓取算法，对互联网各个零售网站的产品进行跟踪，抓取产品图样、颜色、价格、面料等方面数据进行分析。

在人力资源方面，知衣科技组建专业的设计师团队负责样衣设计及生产；还研发了一套针对服装图像的识别算法，能够智能识别服装风格、面料、辅料、颜色等多个维度的信息。

在市场资源方面，知衣科技汇集了数百万 Instagram、抖音、小红书、微博等社交平台服装类红人 / KOL（关键意见领袖），每日定时更新信息并支持统计分析，为企业客户提供市场热点及趋势方面的参考。知衣科技拥有超百万的 INS、抖音、小红书、微博博主的海量款式及搭配推荐，并且支持社交平台账号绑定，以快速导入内外网博主。

知衣科技的资源状况见表 3–1。

表 3–1 知衣科技的资源状况

| 资源类型 | 资源名称 | 资源特点 | 能力 | 结果 |
|---|---|---|---|---|
| 技术资源 | 图像处理、机器学习、数据挖掘 | 效率高 | 提供多种服务 | 挖掘时尚趋势，促进流量变现 |
| | AI 趋势产品 | 人工智能 | 为设计师提供样衣最终的上身效果 | 过滤搭配，节约成本 |
| 人力资源 | 创始人 | 大数据、AI 人才 | 对行业的敏锐感知 | “服装 +AI”的知衣科技 |
| | 设计师团队 | 专业人才 | 每月设计 2000~3000 件潮流样衣 | 为品牌方（厂家）节约找款、开款成本 |
| | 带货红人 | 合作 | 红人做好供应链 | 做服饰类生态、服务更多品牌 / 红人 |
| 市场资源 | 平台数据 | 数量多、内容丰富 | 多平台联动搜索 | 把握消费者喜好 |

## （二）知衣科技的能力状况分析

在创新能力方面，知衣科技紧跟市场趋势，不断打磨前端数据，提供从传统的 OEM 制造向 ODM 转型的更强大的数据和设计支撑。知衣科技的大数据分析产品已扩展到鞋、帽、箱包、配饰等大时尚消费品领域。如今知衣科技已经可以靠收集、整理并分析商家定价、颜色、库存等数据，帮助用户快速找到服装爆款，并通过电商数据监控分析的能力状况预判时尚趋势。

在敏捷能力方面，知衣科技服务的品牌超过 1000 家，连续 3 年实现营收增长 300%，SaaS 平台月活用户超过 95%。在产品上，打造知衣、知款、易选、炼丹炉、抖音优选五款服装行业数据智能 SaaS 产品。在过程和模式上，打造产销一体的爆款供应链，以数字化供应链带动服装产业链高效发展。

在运营能力方面，知衣科技将服装业务拆成几百个维度，并分析每个维度的趋势，包括不同工艺、面料等往年的销售占比情况，并用数字化供应链连接服装设计、生产和流通环节。在细分属性销售占比数据基础上，设计师结合品牌实际情况，决定当年设计哪种类型的产品，同时跟踪颜色、面料方面关键词的搜索变化，做出爆款。知衣科技还采用大数据算法找到爆款规律，在客观上有助于提升品牌售罄率和爆款概率，降低企业生产成本和库存压力，提高供应链运行效率。

## （三）知衣科技数字化转型效果

知衣科技已经服务客户超 2000 个，赋能众多服装品牌。2021 年，知衣科技连续完成 3 轮近 1 亿元融资，分别由高瓴创投、万物创投、襄禾资本与 CE Innovation Capital 领投，老股东君联资本、涌铧投资跟投；同年，知衣科技入围“杭州市准独角兽企业榜单”。目前，知衣科技已服务 UR、唯品会、绫致、赫基、太平鸟、海澜之家、森马等数千家时尚品牌和平台。

知衣科技凭借图像识别、数据挖掘、智能推荐等核心技术，不断升级服务体系，自主研发了一系列服装行业数据智能 SaaS 产品，为服装企业和设计师提供流行趋势预测、设计赋能、款式智能推荐等，并通过 SaaS 入口向产业链下游拓展，提供“一站式设计 + 柔性生产”的供应链平台服务。知衣科技覆盖超 40 万家店铺超 1 亿万件商品，打造了最全的淘宝系服饰商品库；同时，基于款式、品类、面料和颜色等属性博主的商品及买手团队更快速地寻找市场爆款，可以定向找到符合品牌定位及大众需求的款式，精准发现目标市场时下热销款及新款。大数据监控中心提高了团队每日查看竞争对手数据及看款、选款的效率，并且能够及时追踪竞店新品，进行款式预热，让企业做到实时掌控全网最新款式信息。知衣科技提供品类、属性、品牌、价格等多维度的信息，满足了企业在不同时段及不同场景下的数据分析需求，同时支持将分析数据导出。除了竞争对手的预售动态外，知衣科技还提供市场预售商品数据，能够及时把握市场预售动态，预测市场未来走势。知衣科技的项目效益和价值特征、效率见表 3–2 和表 3–3。

表 3–2　知衣科技的项目效益和价值特征

| 序号 | 项目效益 | 价值特征 | | |
|---|---|---|---|---|
| | | 稀有 | 不可替代 | 不可复制 |
| 1 | 一系列服装行业数据智能 SaaS 产品 | √ | | √ |
| 2 | 上游—大数据和 AI—上下游；供应商、设计—爆款—品牌 | √ | | |
| 3 | 入围“杭州市准独角兽企业榜单” | √ | √ | √ |
| 4 | 最全的淘宝系服饰商品库 | √ | | |

表 3–3　知衣科技的效率

| 项目 | 效率 |
|---|---|
| 收入 | 连续 3 年实现营收增长 300% |
| 市场份额 | 使服装从业者的单人监控店铺数量从最初的 10 家增加到 200 家；服务时尚品牌和平台超过 1000 家，如 UR、唯品会、绫致、赫基、太平鸟、海澜之家、森马等，覆盖超 40 万家店铺超 1 亿万件商品；SaaS 平台月活用户超过 95% |
| 成本 | 以细分属性销售占比数据为基础，做出精确爆款，降低企业生产成本 |

## 五、案例小结

数字化技术正在通过挑战旧的研发管理模式和抓住新的机会改变服装行业运营模式。知衣科技致力将人工智能和数据挖掘领域的前沿技术转化为服装行业生产力，通过行业大盘帮助企业依据市场销量，从风格、年龄段、属性、价格段等多种维度进行全面分析，从数据采集到数据整理，有效提高了商品部门获取数据及分析数据的效率。

当下，服装行业正面临前所未有的机遇和挑战，迅猛发展的物联网技术正在打破产业边界，不同行业间的融合催生了新的生态，开启了服装行业“深度触网”的 3.0 时代。2021 年，知衣科技在常熟落地知衣科技长三角运营中心，为常熟的供应链企业提供了从传统 OEM（原始设备制造商）向 ODM（原始设计制造商）转型的强大的数据和设计支撑；同时，充分利用常熟成熟的制造资源和产能优势，为更多红人、电商、品牌企业等提供从设计到供应链的一体化服务。

目前，常熟服装制造业较为传统，对数字化技术的接受程度还不是很高。行业对新型工具的接受程度较低，市场培育周期较长，这些都是企业在数字化转型过程中面临的重大挑战。知衣科技已经建立了比较完善的培训体系，一部分有数据工具使用能力的企业可以先用起来，打造常熟标杆，以小部分带动大部分，最终以数字化赋能整个常熟服装市场。

## 六、案例思考

（1）知衣科技如何利用 AI 和大数据技术解决服装行业的具体问题？请分析技术与产业深度结合的意义及其对行业发展的影响。

（2）为什么传统的服装设计方法面临挑战，而知衣科技提供的数据驱动设计方法能够更精准地捕捉消费者需求？请分析数据分析技术如何帮助设计师破局。

（3）知衣科技是如何通过连接产业链上下游推动产业链数字化转型的？请分析爆款如何成为连接供应商、设计和品牌的关键，以及这种模式对服装产业供应链管理的影响。

（4）知衣科技推出的五款数字化产品是如何促进供应链效率和运营效率提升的？请从数字化转型的角度分析这些产品如何实现对服装企业供应链的深度服务。

（5）请基于知衣科技的案例，预测未来服装行业可能面临的新挑战。讨论在快速变化的市场环境中，服装企业如何利用 AI 和大数据继续创新与发展。

# 第四章 04

# 飞榴科技

## “AI+ 柔性供应链”赋能服装产业全链路智能化升级

“互联网 +”不是靠讲概念吹牛皮，中国经济要振兴，最终还是要靠实体经济，而实体经济要利用互联网转型还是要靠供应链管理。

——飞榴科技创始人　费翔

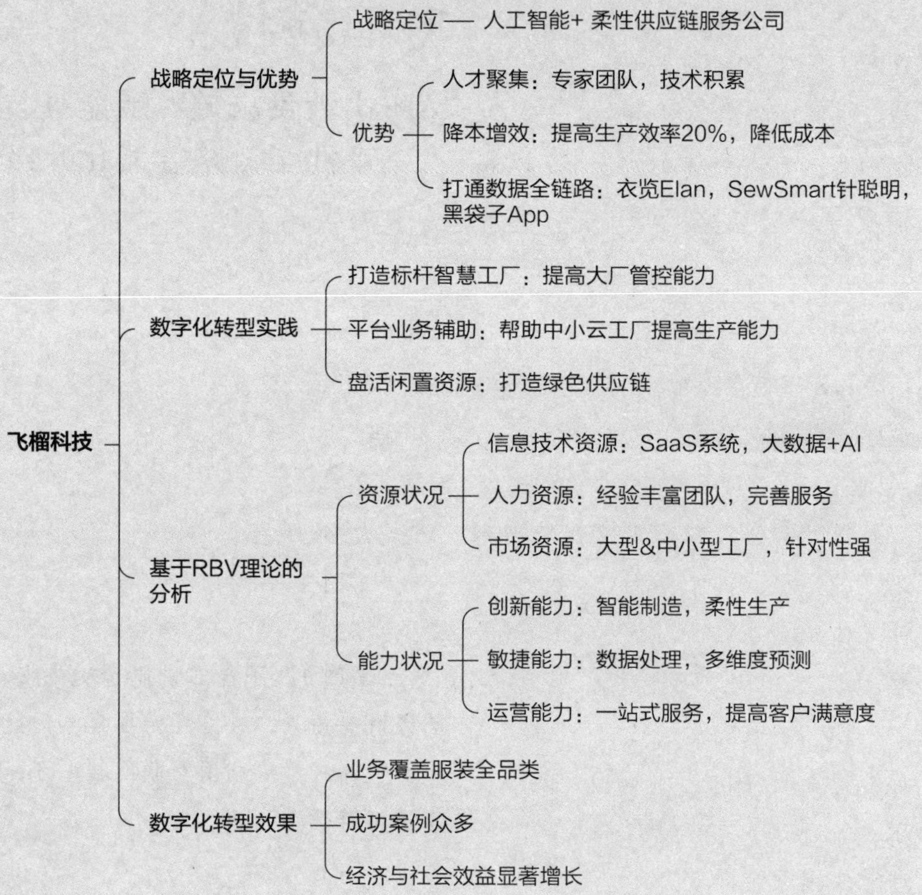
飞榴科技
战略定位与优势
战略定位 —— 人工智能+ 柔性供应链服务公司
优势
人才聚集：专家团队，技术积累
降本增效：提高生产效率20%，降低成本
打通数据全链路：衣览Elan，SewSmart针聪明，黑袋子App
数字化转型实践
打造标杆智慧工厂：提高大厂管控能力
平台业务辅助：帮助中小云工厂提高生产能力
盘活闲置资源：打造绿色供应链
基于RBV理论的分析
资源状况
信息技术资源：SaaS系统，大数据+AI
人力资源：经验丰富团队，完善服务
市场资源：大型&中小型工厂，针对性强
能力状况
创新能力：智能制造，柔性生产
敏捷能力：数据处理，多维度预测
运营能力：一站式服务，提高客户满意度
数字化转型效果
业务覆盖服装全品类
成功案例众多
经济与社会效益显著增长

2016 年创立的飞榴科技，首创直连工厂的 S2B2C 服装柔性供应链平台，提供从报价到生产的平台解决方案，业务覆盖所有服装品类，为服装产业上游面辅料供应商、服装厂家，下游网红电商、品牌店提供“小单快反”SaaS 产品和 S2B2C 供应链服务，通过赋能企业供应链、智慧工厂和新零售，提高企业管理和生产效率，降低运营成本，增加企业利润。

## 一、案例背景

纺织品服装业市场规模约为 4 万亿元，其中蕴含着巨大的产业升级机遇。飞榴科技紧紧抓住这一产业链重构机遇，用算法驱动的智能排产取代传统的人工排产，降低行业库存，大大提高了产能。

长期以来，中国工厂的生产组织方式大多按照大单模式进行。近年来，蘑菇街、抖音、快手、小红书等网红电商的崛起，在给传统服装行业注入生机的同时，也影响着消费者对服装的需求——定制化、个性化需求增多，“小单快反”逐渐成为服装行业发展趋势。

以“小单快反”为核心切入点的纺织服装供应链变革的趋势越来越明显，这主要是因为销售模式的改变，原有生产方式已经无法适应新的需求：一方面，品牌商更多从线下销售转向线上销售，而线上电商预售活动要求先出服装样衣，然后根据预售数据来确定产量；另一方面，随着直播等新模式的兴起，主播等也对服装供应提出了更高要求。在工厂过去的生产组织模式下，高频率、小单量的成本很难控制，上游供应商效率低，难以满足高品控、快生产的需求。

鉴于此，曾就职于 IBM 沃森研究院、拥有 17 年供应链管理研究经验的人工智能和大数据应用专家费翔博士成立了飞榴科技，将曾经服务于服装、零售、物流、制造企业的供应链管理经验，通过 S2B2C 服装柔性供应链平台，赋能国内各服装厂，帮助工厂降低成本。

## 二、战略定位与优势

飞榴科技是一家以人工智能技术为基础的柔性供应链服务公司，利用互联网和深度学习技术，连接服装行业上下游，提供“小单快反”的供应链服务。飞榴科技“AI+柔性供应链”赋能服装产业全链路智能化升级的战略定位为企业带来诸多优势。

### （一）人才聚集

飞榴科技是AI赋能服装行业的首家企业，此前AI在服装行业只是应用到设计或销售端的试衣环节，将AI这样的深度算法应用到整个产线管理的企业较少。显然，数据的积累和分析等是飞榴科技的技术优势。除了技术优势外，该企业最核心的优势便是“人”的优势。由于企业特质，飞榴科技的发展必须集聚大量人才。飞榴科技创始人费翔是AI领域专家，供应链团队由服装行业资深专家、经验丰富的服装生产跟单员和专业工厂生产管理人员组成。只要用户提交订单，就有专属的供应链专家接管订单，规模化整合生产资源，提高资源利用率，节约成本。研发团队由有外企大厂工作经验的资深专家组成。飞榴科技还有IE团队保障售后，在产品销售之后，专家顾问会驻场根据客户需求做服务的跟进。

### （二）降本增效

智慧生产SaaS系统能够将效率提高20%，助力S2B2C平台实现供应链协同。为解决服装厂生产准备、生产管理、订单跟踪等难题，飞榴科技智慧生产协同平台为服装厂提供订单管理、生产管理、物料跟踪等“一站式”综合服务，以准时交货并减少多余库存，同时加强多个部门之间的沟通，提高客户满意度，实现工厂内部生产、上下游供应链管理的可视化快速反应，以及精益生产、柔性生产、平衡生产和敏捷制造。对工厂来说，传统的精益制造管理系统（MES）上线周期过长，快则1个月，慢则2年，效率低，成本高，风险大。由飞榴科技提供的SaaS系统上线速度快——

标准的 SaaS 系统 1 天上线，3 天即可全面使用，对中小工厂来说，可以大大降低风险、提高效率。

飞榴科技率先将 AI 技术引入服装成衣生产全链路管理，打破了 ERP、CRM、WMS、PLM、GSD、MES、APS、C&S、吊挂等软硬件系统数据壁垒，能够辅助工厂智能决策，提升生产效率 20%，极大地提高工厂流水线的订单响应速度。在销售端，飞榴科技接受设计师、主播、MCN、品牌商的订单，分解工时后分配给适当的工厂生产；在生产端，飞榴科技优化工艺路线、生产计划、生产执行方式，实现了工厂企业内部生产、上下游供应链管理的可视化快速反应，达到 5 天出样、7 天生产、3 天翻单，生产转换效率至少提升了 30%。费翔博士希望将自己和团队基于国外积累的经验与相关理论研发的 SaaS 产品输入国内的服装厂，帮助国内的服装厂降本增效。例如，从订单进入工厂到最终产品流出全程由飞榴科技研发的 AI 大脑控制，能够极大地提升生产效率并节约成本，有些工艺复杂品类的效率可提升 60%，如冲锋衣等。此外，对工厂工作人员来说，飞榴科技的 SaaS 系统学习门槛较低，部署周期短，一般 3~5 天就能使用。

### （三）打通数据全链路

以工厂数字化改造和服装供应链协同为核心，飞榴科技开发了衣览 Elan、SewSmart 针聪明、黑袋子 App 三款产品。衣览 Elan 作为智慧供应链协同系统，连接供应商、品牌商和加工厂，对供应链上的企业进行协同与管理；SewSmart 针聪明是智慧生产和协同系统，有助于实现智能化改造，赋能服装工厂进行“小单快反”智慧生产；黑袋子 App 是 S2B2C 服装供应链平台，主要和快反生产有关，即黑袋子 App 对接平台的订单业务并派发订单给云工厂，既可以现货批发，也可以直连生产。

整个产品体系打通了服装行业的数据全链路：当商家有服装生产需求时，可以通过黑袋子 App 下成生产订单或现货订单，整个订单会流入衣览 Elan 系统；衣览 Elan 系统会对这些订单进行统一分发和处理，包括供应商的选择和采购，快反订单会进入 SewSmart 针聪明系统；SewSmart 针聪明系统会结合订单情况进行工厂生产数据的实时统计。多软件协同形成数据闭环，这样一个产品体系能够推动柔性供应链的形成。从生产协同和排程

（SewSmart 针聪明）、供应链协同管理（衣览 Elan）到智慧营销（黑袋子 App），飞榴科技打破了人、机器、物料、工艺、环境之间的壁垒，提供“一站式”服装产业链服务，以 AI 和大数据为手段，帮助中国大中小企业构建“快时尚”时代下服装产业链的决策闭环。

## 三、数字化转型实践

### （一）打造标杆智慧工厂，帮助大厂提高管控能力

大型服装工厂转向小单生产存在一定瓶颈：大型服装工厂虽然生产能力强，但是管控能力相对较弱。一般情况下，大型服装工厂会应用诸多新型设备、系统，而这些设备、系统来自不同厂商，使得工厂内部的数据难以统一管理和协调。飞榴科技将各个系统数据打通集成，进行数据的综合处理和分析，有助于提高管理效率和生产效率。

在传统模式下，服装工厂依靠班组长做工序分配及人员安排。飞榴科技将 AI 深度学习技术引入服装工厂，学习班组长的经验，同时结合硬件数据做智能化工序分配与人员调度，对班组长的生产管理起到了良好的辅助作用。智慧产线上的数据直接接入飞榴智造系统，班组长可直接在系统上管理生产全流程，及时跟进生产及物料采购进程，实现工厂内部以计划为中心的生产管理模式。飞榴科技有关负责人表示，“应用飞榴智慧生产协同 SaaS 系统，班组长能够同时管理更多条产线，解决服装工厂招工难的问题；在原有生产制造基础上，生产效率可提高 20% 以上”。

### （二）平台业务辅助订单承接，帮助中小云工厂提高生产能力

不同于大型服装工厂，中小型服装工厂面临的主要是如何生存的问题。针对中小型服装工厂的痛点，飞榴科技开放平台接单业务，利用直连工厂的 S2B2C 服装供应链平台，为主播、云工厂打造一体化的解决方案，使工厂在提升生产效率的同时能够接到更多订单。具体来说，就是中小型服装工厂接受飞榴科技的智慧工厂改造，飞榴科技把订单对接给中小型服装工厂。

对中小型服装工厂来说，数字化改造后生产效率会大大提高；对飞榴科技来说，平台订单的生产时效会大大提高。当越来越多的云工厂与飞榴科技合作，各方基于大数据可以共享产能，实时掌握工厂的产能贡献、未来规划等，从而协助云工厂接单，更好地实现供应链协同。目前，飞榴快反供应链可以为服装各品类订单提供从设计、打样、生产到物流配送的“一站式”服务，如图 4-1 所示。

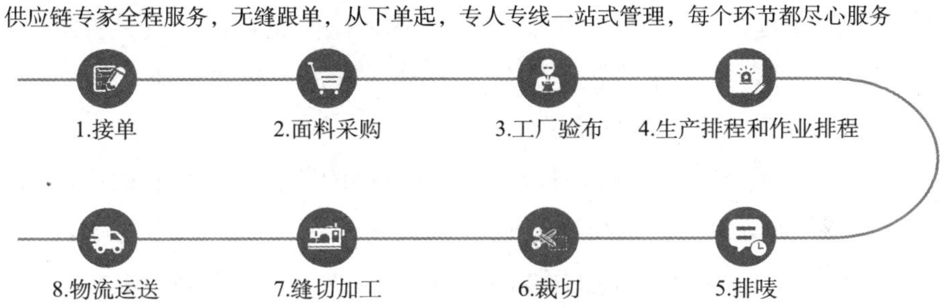


**图 4-1 全流程可视化供应链**

## （三）盘活闲置资源，打造绿色供应链

飞榴科技除了能为服装企业提供柔性生产服务外，还将推动服装传统供应链的改革。飞榴科技致力以小批量快反生产为切入口，解决服装行业最容易忽视的浪费问题，即过量生产造成的库存积压问题，以打造服装行业绿色、快反供应链。此外，服装工厂普遍存在招人难的困境，企业希望能降低对劳动力的依赖，于是很多大企业前期引入了大量的硬件设备，希望可以取代人的劳动，但是制衣有太多不可控因素，如面料、工艺等，当机械生产比例较高时，会对面料造成一定的损坏。飞榴科技提供的智能化 SaaS 系统就是要帮助工厂盘活现有资源，创造更多的价值。

飞榴科技将时尚可持续发展的理念，渗透到从产品生产到零售终端的每个环节，用 AI 赋能服装工厂，实现了智能制造、绿色制造，并与社会各界和时尚生态的供应商、合作伙伴建立持续稳定的合作关系，带给客户美好的时尚体验。

## 四、基于RBV理论的分析

### （一）飞榴科技的资源状况分析

在信息技术资源方面，飞榴科技将服装工厂班组长的学习经验作为AI深度学习的素材，同时结合硬件数据做智能化的工序分配与人员调度，SaaS系统上线速度快，大大降低了风险，提高了生产效率；深桐、深眼、深铺、艾笃四款产品基于AI和大数据技术，赋能企业供应链、智慧工厂和新零售，提高了企业的管理和生产效率，降低了运营成本，增加了利润，打通了服装行业的数据全链路。

在人力资源方面，飞榴科技组建了供应链团队，精选优质的供应商和分销商，以保障原材料的可追溯性和最大化利用，通过严格的筛选和审核，挑选出行业内满足条件的面辅料供应商与加工厂，并将所有供应商接入飞榴深桐供应链管理系统，从而实现了面辅料采购、成衣生产进度的可视化及成本透明化。

在市场资源方面，飞榴科技的客户覆盖了大型工厂和中小型工厂，提供不同的服务匹配大型工厂和中小型工厂不同的痛点与需求。大型工厂虽然生产能力强，但是管控能力较弱，因而转型困难，飞榴科技帮助它们提升管控能力；飞榴科技帮助中小型工厂进行智慧升级并把订单对接给它们，使其生产效率大大提高。

飞榴科技的资源状况见表4–1。

**表4–1 飞榴科技的资源状况**

| 序号 | 资源类型 | 资源内容 | 资源特点 | 能力 | 结果 |
|---|---|---|---|---|---|
| 1 | 信息技术资源 | SaaS系统 | “大数据+AI” | 辅助生产管理 | 提高管控能力 |
| | | 衣览Elan、SewSmart针聪明、黑袋子App | | 为企业降本增效 | 打通产业数据闭环 |
| 2 | 人力资源 | 创始人、供应链团队 | 经验丰富服务完善 | 帮助工厂降本增效、原材料可追溯性强、原材料可最大化利用 | 规模专业化、进度可视化、成本透明化 |

续表

| 序号 | 资源类型 | 资源内容 | 资源特点 | 能力 | 结果 |
|---|---|---|---|---|---|
| 3 | 市场资源 | 大型工厂、中小型工厂 | 针对性强 | 帮助大型工厂提高管控能力，帮助中小型工厂降本增效 | 大量目标客户，打造智慧工厂 |

## （二）飞榴科技的能力状况分析

在创新能力方面，飞榴科技应用“互联网 +AI”不断赋能工厂，实现了智能制造、柔性生产，以算法驱动的智能化排产替代了传统的人工工艺路径，降低了库存，大大提高了产能。飞榴科技的智慧生产协同平台为服装工厂提供订单管理、生产管理、物料跟踪等“一站式”服务。

在敏捷能力方面，飞榴科技将各系统数据集成，进行数据的处理和分析：深桐是智慧供应链协同系统，深眼是动态库存管理和优化系统，深铺是智慧生产和协同系统，艾笃是 S2B2C 服装供应链平台，这四者共同赋能服装工厂进行“小单快反”智慧生产。在移动互联网飞速发展的今天，客户需求复杂多样，行业竞争压力增大，面对这些困境，飞榴科技以 AI 和大数据为基础进行数据处理及分析，实现了从多维度预测客户需求，并且能对供应链上下游企业进行统一管理，帮助大中小企业构建“快时尚”时代下服装产业链决策闭环。

在运营能力方面，飞榴科技的智慧生产协同平台为服装工厂提供订单管理、生产管理、物料跟踪等“一站式”全面服务，以提高准时交货率，并减少多余库存，同时加强多个部门之间的沟通，提高客户满意度。在生产端，通过优化工艺路径、生产计划及生产执行方式，实现生产效率提升。飞榴科技充分运用平台资源帮助服装工厂承接订单，从而倒逼服装工厂进行生产转型，并帮助中小云工厂提高生产能力。智能化 SaaS 系统能够帮助工厂盘活现有资源，实现智能制造、绿色制造。

## （三）数字化转型效果

飞榴科技是人工智能赋能服装行业的首家企业，其业务覆盖服装全品类，已为国内数千家服装工厂、设计师、主播、MCN、品牌客户提供“小单快反”SaaS 产品和 S2B2C 供应链服务，综合年产值近 200 亿元。飞榴科技产品已经在 1000 多家公司和工厂成功部署、应用，服务了包括 SHEIN、三枪、斯凯奇、上海纺织集团、复星集团等知名服装集团和品牌。目前，飞榴科技的业务已拓展至环渤海、长三角、珠三角等地区，“小单快反”SaaS 产品和 S2B2C 供应链服务降本增利效果明显。

飞榴快反供应链旗下拥有云工厂 1000 多家，包括针织类 400 多家、梭织类 600 多家，服装车间工人 10 万多人，各类服装生产线 1 万多条。飞榴科技合作的云工厂数量还在不断增加，基于云端大数据，云工厂可以共享产能，了解工厂的产能贡献和未来规划等。基于此，飞榴科技能够辅助云工厂接到订单，更好地实现供应链协同。

## 五、案例小结

在互联网给服装企业和品牌带来颠覆性变革的时代，飞榴科技应用“互联网 +AI”，不断赋能工厂，为服装企业提供柔性生产服务，推动了服装传统供应链变革。目前，飞榴科技的业务已经拓展至环渤海、长三角、珠三角等地区。

地处长三角的江苏常熟地区，是中国著名的服装产业带，拥有各类服装服饰企业 5800 多家，年产值数百亿元人民币，市场潜力巨大。2021 年初，飞榴科技供应链平台落地常熟，将直播平台、主播与工厂融合，提升了产业带的业务拓展能力和品牌影响力。未来，飞榴科技还将从多个方面推动服装产业带数字化改造与升级。

飞榴科技将打造一批工业物联网“两化融合”示范性企业，通过技术、产品、业务、产业四个层次的体系化融合，保障服装行业健康快速发展；打造一批常熟智能制造示范性企业和示范性车间，通过核心产品优势和大数据、AI 等技术，在常熟投入专业团队，打造示范性项目。具体措施如下：首先，通过 SaaS 云方案，帮助中小企业将研发设计、生产制造、运营管理等核心业务上云。其次，为企业提供企划、咨询以及精益生产培训，帮助企业完成智能化、数字化升级转型。再次，通过校企合作，开发专业课程，连接优秀学生和智能化企业，实现对口就业，帮助产业带提升人才引进质量。最后，建立企业智能化改造和数字化转型标准，通过专业运营团队，将服务工厂升级转型全流程标准化，通过规模化复制，为产业带更多企业提供服务。

## 六、案例思考

（1）飞榴科技是如何利用 AI 技术和数据分析改造传统服装产业、提高生产效率和降低成本的？请结合案例内容进行具体分析。

（2）简述飞榴科技在供应链管理方面的三大优势，并阐述每个优势背后的关键技术或管理策略。

（3）飞榴科技采取的“小单快反”生产模式如何适应当前服装行业的发展趋势？该模式与传统大批量生产模式相比，有哪些优势？

（4）飞榴科技的人才和团队建设有何独到之处？分析其在招募人才和团队协同方面采取的策略及对公司发展的影响。

（5）讨论飞榴科技推进绿色供应链和资源再利用的策略，以及这些策略对环境保护和企业可持续发展的贡献。

# 第五章 05

# 贝塔科技

## C2M 柔性供应链平台，重构“定制”产业链

在我回国创业之初，中国柔性制造能力非常稀缺，传统工厂难以满足定制化需要，贝塔科技敏锐地嗅到了其中商机，业务逐渐转向柔性制造平台。

——贝塔科技创始人　赵田力

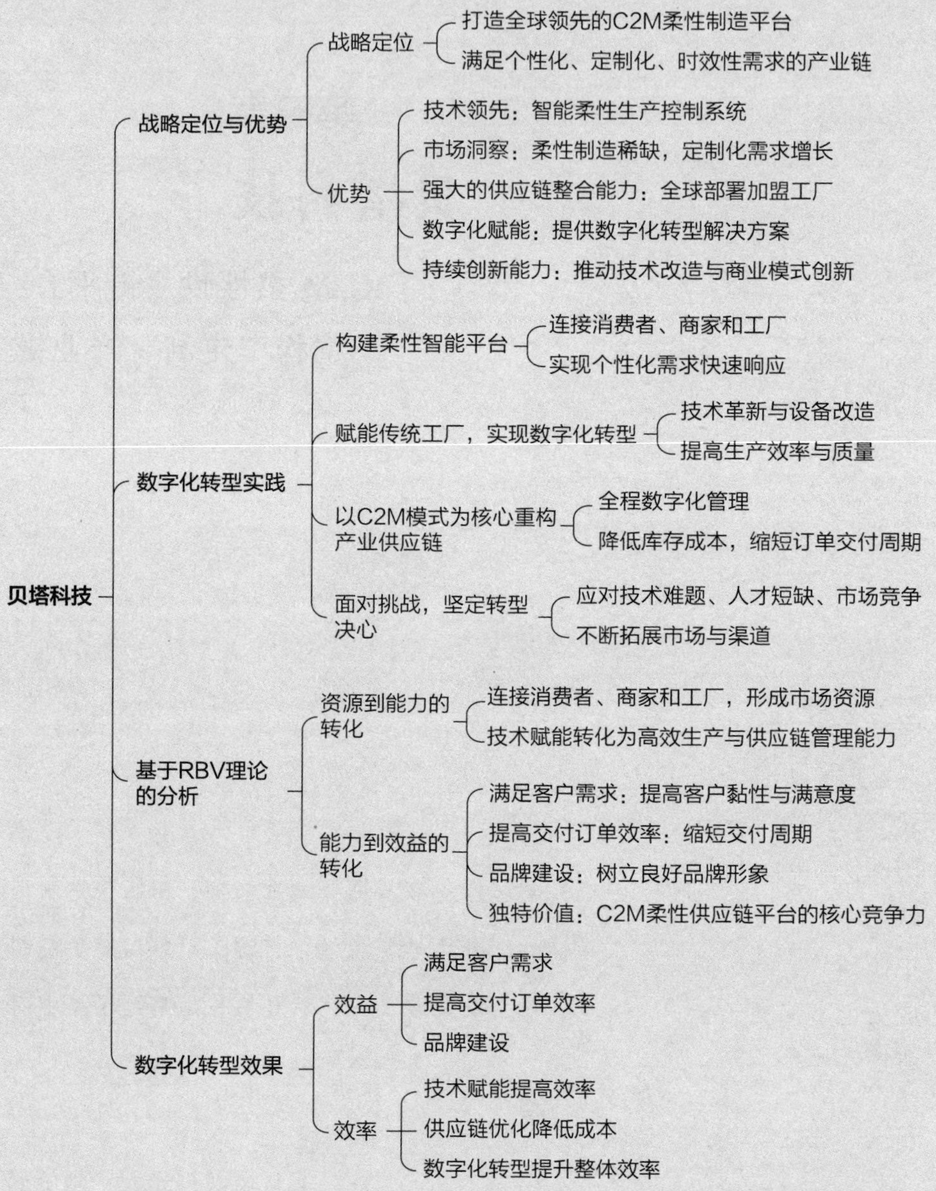
贝塔科技
战略定位与优势
战略定位
打造全球领先的C2M柔性制造平台
满足个性化、定制化、时效性需求的产业链
优势
技术领先：智能柔性生产控制系统
市场洞察：柔性制造稀缺，定制化需求增长
强大的供应链整合能力：全球部署加盟工厂
数字化赋能：提供数字化转型解决方案
持续创新能力：推动技术改造与商业模式创新
数字化转型实践
构建柔性智能平台
连接消费者、商家和工厂
实现个性化需求快速响应
赋能传统工厂，实现数字化转型
技术革新与设备改造
提高生产效率与质量
以C2M模式为核心重构产业供应链
全程数字化管理
降低库存成本，缩短订单交付周期
面对挑战，坚定转型决心
应对技术难题、人才短缺、市场竞争
不断拓展市场与渠道
基于RBV理论的分析
资源到能力的转化
连接消费者、商家和工厂，形成市场资源
技术赋能转化为高效生产与供应链管理能力
能力到效益的转化
满足客户需求：提高客户黏性与满意度
提高交付订单效率：缩短交付周期
品牌建设：树立良好品牌形象
独特价值：C2M柔性供应链平台的核心竞争力
数字化转型效果
效益
满足客户需求
提高交付订单效率
品牌建设
效率
技术赋能提高效率
供应链优化降低成本
数字化转型提升整体效率

贝塔科技由赵田力先生创立，专注于解决中国柔性制造能力的稀缺问题。通过构建从消费者到生产者（Customer to Manufacturer，C2M）的柔性制造平台，贝塔科技运用动态规划、人工智能和物联网技术，优化供应链，实现个性化产品的快速生产与交付。平台赋能消费者、商家及服装工厂，提供个性化定制服务，提升柔性生产能力，缩短订单交付周期。贝塔科技智能柔性生产控制系统作为核心，通过自动化技术和算法优化生产流程，显著提升了生产效率和准确率。数字化转型为服装企业带来了更高的生产效率、更低的成本和更大的市场份额，推动了产业的转型升级。

## 一、案例背景

最初，贝塔科技主要经营的是赛事管理 SaaS 系统赛客，并在 3 个月内收集到 70 万个注册用户。“作为狂热的足球爱好者，我在回国创业之初，把目标放在了体育产业上，”贝塔科技创始人兼 CEO 赵田力介绍，“而在商业变现时，贝塔选择销售运动装备并提供定制服务，而当时在服装定制的供给侧，能够承接这样业务的厂商少之又少，柔性制造能力非常稀缺。”在美国留学期间，赵田力曾师从动态规划权威、诺贝尔经济学奖得主托马斯·萨金特，研究领域涉及动态优化及大数据算法，公司核心团队成员也多来自哈佛大学、康奈尔大学和麻省理工学院（MIT），具有工科背景。

## 二、战略定位与优势

贝塔科技的战略定位是打造一个全球领先的 C2M 柔性制造平台，专注于满足个性化、定制化、时效性需求的产业链。其战略优势主要体现在以下五个方面：

（1）技术领先：贝塔科技运用人工智能、物联网技术，结合动态规划与系统运筹学的思想，成功开发出能够实时组织各制造单位分工协作的智能柔性生产控制系统，实现了高效率的柔性生产。

（2）市场洞察：贝塔科技敏锐地捕捉到中国市场上柔性制造能力稀缺的信息，以及消费者对定制化产品的需求增长趋势，通过 C2M 模式将消费者与制造商直接连接，缩短了供应链长度，降低了成本。

（3）强大的供应链整合能力：贝塔科技通过技术赋能，将传统工厂升级为柔性智能工厂，并在全球部署了 100 多家加盟工厂，形成了强大的供应链网络，能够迅速响应市场需求，实现快速、小批量生产。

（4）数字化赋能：贝塔科技为传统制造业提供了数字化转型的解决方案，通过技术改造和设备升级，帮助工厂提高了生产效率、降低了库存周转率、缩短了订单交付周期。贝塔科技的经营目标是为传统企业赋能，助力它们在数字经济时代更好地生存与发展。

（5）持续创新能力：贝塔科技不断深耕非标自动化、机械加工等领域的技术改造，推动纺织服装产业转型升级，并积极探索新的商业模式和技术应用，以保持在市场上的竞争优势。

贝塔科技 C2M 柔性供应链平台一端连接消费者和商家，消费者和商家通过赛客订单信息采集系统下达定制订单，可以在线选择面辅料、板型、图案、配色等；另一端连接几十家工厂，这些工厂经过贝塔科技智能柔性生产控制系统的赋能，升级为柔性智能工厂。该平台通过动态规划算法，指挥多个物联网及自动化模块，实时组织各个制造单位同步分工协作，实现柔性按需生产，如图 5–1 所示。

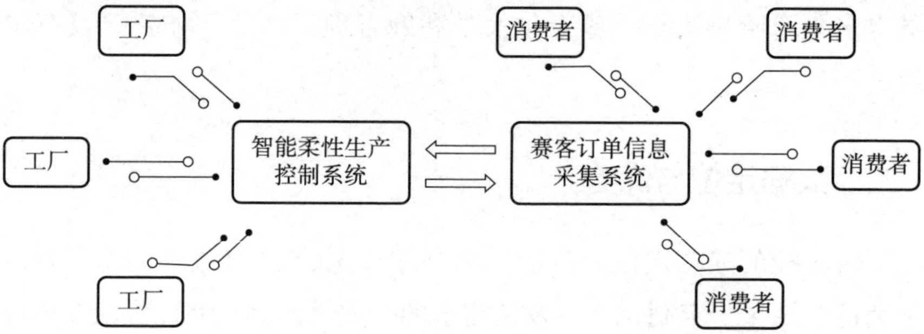


**图 5–1　智能柔性生产控制系统和赛客订单信息采集系统**

### （一）赋能消费者和电商商家

在用户端，贝塔科技 C2M 柔性供应链平台提供引流、收集消费需求并下单的互联网工具。用户在采集系统中选款、搭配产生的数据，自动进入动态规划的生产指挥系统，生成对相应环节的生产指令。

### （二）赋能服装工厂

在生产端，贝塔科技赋能传统工厂完成技术改造，实现敏捷交付。

贝塔科技 C2M 柔性供应链平台已在全球部署加盟工厂 100 多家，其中包括深度赋能工厂 6 家。据介绍，通过贝塔科技的技术赋能，工厂的库存周转率最高可以提高 8 倍，平均人效增长 3 倍以上，订单平均交付时长从 15~30 天缩短至最快 2 小时，可以做到当天交付，平台每年可实现 300 多万件定制产品的生产与交付。

目前，贝塔科技已经在长三角纺织产业集群地苏州、全球最大的运动针织类产品基地泉州，以及国内最大潮牌印花基地广州搭建起示范性样板工厂。

### （三）以智能柔性生产控制系统为核心

贝塔科技 C2M 柔性供应链平台的核心是智能柔性生产控制系统，如图 5–2 所示。

贝塔科技对排程系统进行动态规划，把非标生产工序拆分成无数个标准工序的排列组合，使每个工序都变得十分专注，工序之间不停地重组，完成灵活切换，最终以较低的成本完成个性化商品定制。贝塔科技动态规划原料采购调拨系统（如图 5–3 所示）根据历史消费需求和行业发展进行生产预测，根据原料消耗、原料库存和资金情况制订采购计划，综合考虑供应商情况及市场行情，最终形成采购方案。

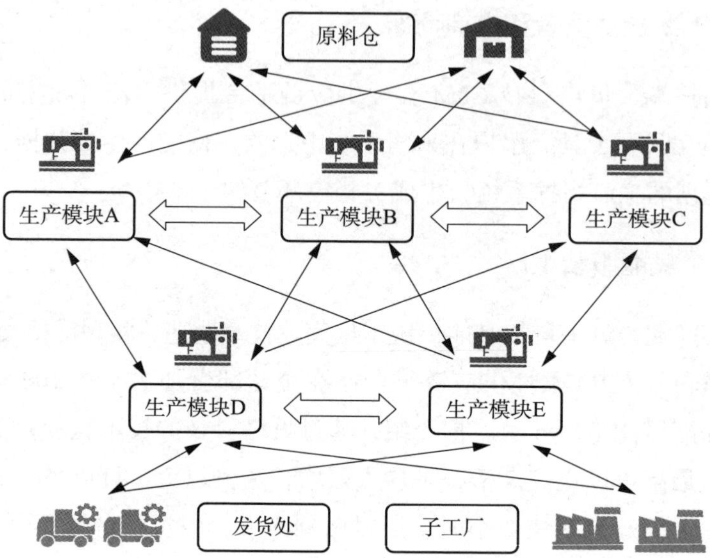


图 5-2 智能柔性生产控制系统

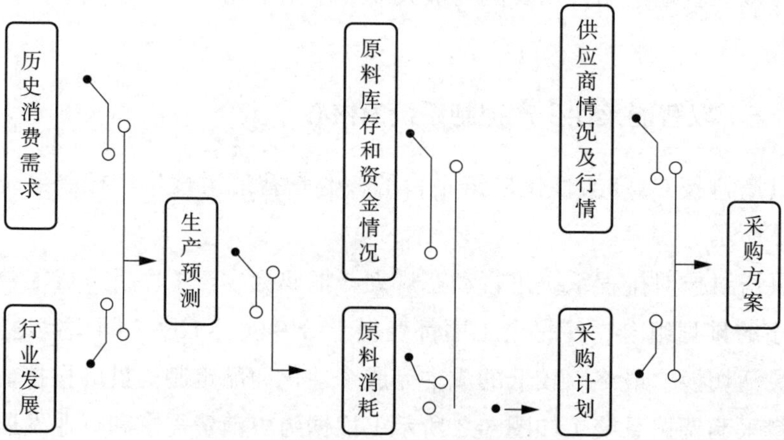


图 5-3 动态规划原料采购调拨系统

此外，贝塔科技基于图像识别及物联网技术实现自动寻找花边并裁剪，基于人工智能系统实现自动分拣，基于图像识别及机械臂技术实现自动缝纫和烫印。

## 三、数字化转型实践

### （一）构建柔性智能平台

贝塔科技从成立之初便致力打造一个连接消费者、商家和工厂的柔性智能平台。通过这一平台，消费者和商家能够在线选择个性化的定制项目，如面辅料、板型、图案等，实现个性化需求的快速响应。与此同时，贝塔科技对合作的工厂进行技术赋能，使其升级为柔性智能工厂，能够高效、灵活地生产符合消费者需求的产品。

贝塔科技每天能生产上万个花型，每年能生产交付 300 多万件定制产品，营收超过 3 亿元。

### （二）赋能传统工厂，进行技术革新和设备改造

贝塔科技深知，要实现真正的数字化转型，必须深入工厂内部，进行技术革新和设备改造。因此，贝塔科技为常熟天姿纺织服装等工厂搭建了智能化柔性生产线，通过引入自动化设备、优化生产流程，极大地提高了生产效率和质量。

通过贝塔科技的技术改造，工厂的库存周转率最高可以提高 8 倍，平均人效增长 3 倍以上，订单平均交付时长从 15~30 天缩短至最快 2 小时。

### （三）以 C2M 模式为核心，重构产业供应链

贝塔科技以 C2M 模式为核心，重构了产业供应链。通过智能柔性生产控制系统，实时组织各个制造单位分工协作，实现了从设计到生产再到交付的全流程数字化管理。这不仅提高了生产效率，还降低了库存成本，缩短了订单交付周期。

贝塔柔性制造平台已在全球部署 100 多家加盟工厂，每年可实现 300 多万件定制产品的生产与交付。

### （四）直面挑战，坚定转型决心

在数字化转型的过程中，贝塔科技面临诸多挑战，如技术难题、人才

短缺、市场竞争激烈等。然而，贝塔科技凭借坚定的决心和不懈的努力，成功应对这些挑战。通过不断的技术创新、人才培养和市场拓展，贝塔科技逐渐确立了自己在柔性制造领域的领先地位。

贝塔科技在常熟深耕非标自动化、机械加工等领域，积极进行技术改造，实现了海量花型的生产与交付。同时，贝塔科技还积极拓展跨境电商和传统电商平台渠道，将产品销往全球各地。

## 四、基于 RBV 理论的分析

在数字经济的浪潮中，贝塔科技犹如一颗璀璨的明星，照亮了柔性制造的未来之路。这家公司致力打造一个全球领先的 C2M 柔性制造平台，不仅满足了个性化、定制化、时效性需求，而且在技术的海洋中乘风破浪，开拓出一片新天地。

首先，技术领先是贝塔科技的核心竞争力。借助 AI、物联网技术的东风，结合动态规划与系统运筹学的智慧，贝塔科技成功开发出智能柔性生产控制系统，如同一位经验丰富的指挥家，实时组织各制造单位分工协作，奏响了高效率生产的交响乐。

其次，市场洞察能力是贝塔科技的另一大法宝。在风起云涌的市场变化中，贝塔科技敏锐地捕捉到了柔性制造能力稀缺的信息以及消费者对定制化产品需求的增长趋势。于是，它通过 C2M 模式将消费者与制造商紧密连接，缩短了供应链的长度，降低了成本，为消费者带来了更多的选择和便利。

再次，强大的供应链整合能力是贝塔科技在市场竞争中脱颖而出的关键。贝塔科技通过技术赋能，将传统工厂升级为柔性智能工厂，并在全球范围内布局，形成了庞大的供应链网络。这个网络能够迅速响应市场需求，实现快速、小批量生产，为消费者和商家提供无与伦比的服务体验。

数字化赋能是贝塔科技对传统制造业的“深情厚谊”。它为传统制造业提供了数字化转型的解决方案，通过技术改造和设备升级，帮助工厂提高了生产效率、降低了库存周转率、缩短了订单交付周期。这不仅让传统企业在数字经济时代焕发出新的活力，更让它们在这个快速变化的市场中立足并不断发展壮大。

最后，持续创新能力是贝塔科技“永葆青春”的秘诀。在非标自动化、机械加工等领域深耕细作的同时，贝塔科技不断推动技术改造和商业模式创新，积极探索新的技术应用。这种持续创新的精神让贝塔科技始终走在市场前列，为传统制造业的转型升级提供了强有力的支持。

综上所述，贝塔科技凭借其领先的技术、市场洞察能力、强大的供应链整合能力、持续创新能力等战略优势，成功打造了一个全球领先的C2M 柔性制造平台。这个平台不仅连接了消费者和商家，更连接了未来和希望。在这个充满机遇和挑战的时代，贝塔科技将继续乘风破浪、砥砺前行！

## 五、数字化转型效果

贝塔科技的数字化转型在效益和效率两个方面均取得了显著成效。

### （一）效益分析

1. 从资源到能力的转化

贝塔科技通过其平台连接消费者、商家和工厂，形成了独特的市场资源。这些资源经过技术赋能，转化为高效的生产和供应链管理能力，特别是 C2M 柔性制造平台，使贝塔科技能够实时响应市场需求，提供个性化定制服务。

2. 从能力到效益的转化

（1）满足客户需求：通过 C2M 模式，贝塔科技能够直接获取消费者需求，快速响应并满足个性化定制要求，从而提高了客户黏性和满意度。

（2）提高交付订单效率：智能柔性生产控制系统大大优化了生产流程，大幅缩短了订单交付周期，显著提高了交付效率。

（3）品牌建设：通过提供高质量、个性化的定制服务，贝塔科技在消费者心中树立了良好的品牌形象，提高了市场竞争力。

（4）稀有性价值：C2M 柔性供应链平台作为贝塔科技的核心竞争力，

具有稀有性和不可替代性，为公司带来了长期稳定的收益。

### （二）效率分析

1. 技术赋能提高效率

贝塔科技通过技术革新和设备改造，实现了从传统制造向智能制造的转变。智能柔性生产控制系统、自动化设备的应用，大幅提高了生产效率，降低了人力成本。

2. 供应链优化降低成本

通过在全球部署加盟工厂和深度赋能工厂，贝塔科技构建了一个高效、灵活的供应链网络。这不仅缩短了供应链长度，降低了成本，还提高了响应市场变化的能力。

3. 数字化转型提升整体效率

数字化转型使贝塔科技能够实时收集和分析数据，优化生产计划和资源配置。同时，数字化营销手段的运用扩大了贝塔科技的市场份额，使其整体运营效率大大提高。

贝塔科技通过数字化转型，成功实现了从资源到能力再到效益和效率的转化。贝塔科技独特的C2M柔性供应链平台和智能柔性生产控制系统，不仅满足了市场需求，提升了客户满意度，还大幅提高了生产效率，降低了成本。数字化转型为贝塔科技带来了显著的竞争优势和长期稳定的收益。

## 六、案例小结

随着数字经济时代的到来，纺织产业采用数码印花技术，与新一代消费群体、品牌、供应链相呼应，使这个庞大工业发生了巨大转变。借助数字化、自动化技术，纺织厂快速生产，把设计变成产品，满足纺织业设计师和品牌商快速转换的需求，在色彩搭配、设计、生产等方面显著缩短了供应链周期，从原来的几个月缩减到几周甚至几天。目前，数码纺织印花占所有纺织品印刷份额的6%，而且正在以两位数的速度增长，为像贝塔科技这样的 POD 企业提供了真正的机会。

贝塔科技 C2M 柔性制造平台不仅是传统企业强大的竞争对手，也是企业数字化转型的助力者，它通过数字基础设施改变传统组织的基本形态及价值创造逻辑，为传统企业进行数字化赋能，并帮助它们在数字经济背景下更好地生存与发展，使中国制造升级为中国智造。

## 七、案例思考

（1）贝塔科技创始人在回国创业之初，为什么选择向专注 C2M 柔性供应链的柔性制造平台转型？请结合文中提及的市场需求和贝塔科技自身优势进行分析。

（2）贝塔科技如何利用动态优化、大数据算法、图像识别和物联网技术来优化柔性制造过程？请说明这些技术在生产过程中扮演的角色和带来的效益。

（3）通过贝塔科技的技术改造，服装生产企业的平均库存周转率和平均人效分别提高了多少倍？请讨论这种提升对企业的经营管理有何重要意义，并探讨贝塔科技未来可能面临的挑战和应对策略。

（4）贝塔科技如何通过深耕常熟非标自动化、机械加工等领域，进行技术改造，推动纺织服装产业的转型升级？探讨在传统产业引入创新技术的必要性，并分析这对相关产业链的深远影响。

# 第六章 06

# 金辰针纺织

## “自建品牌+共建直播生态”服装制造商品牌转型新探索

技术革新是我们公司解放思想、实现工艺创新的重要举措。

——金辰针纺织董事长　殷金华

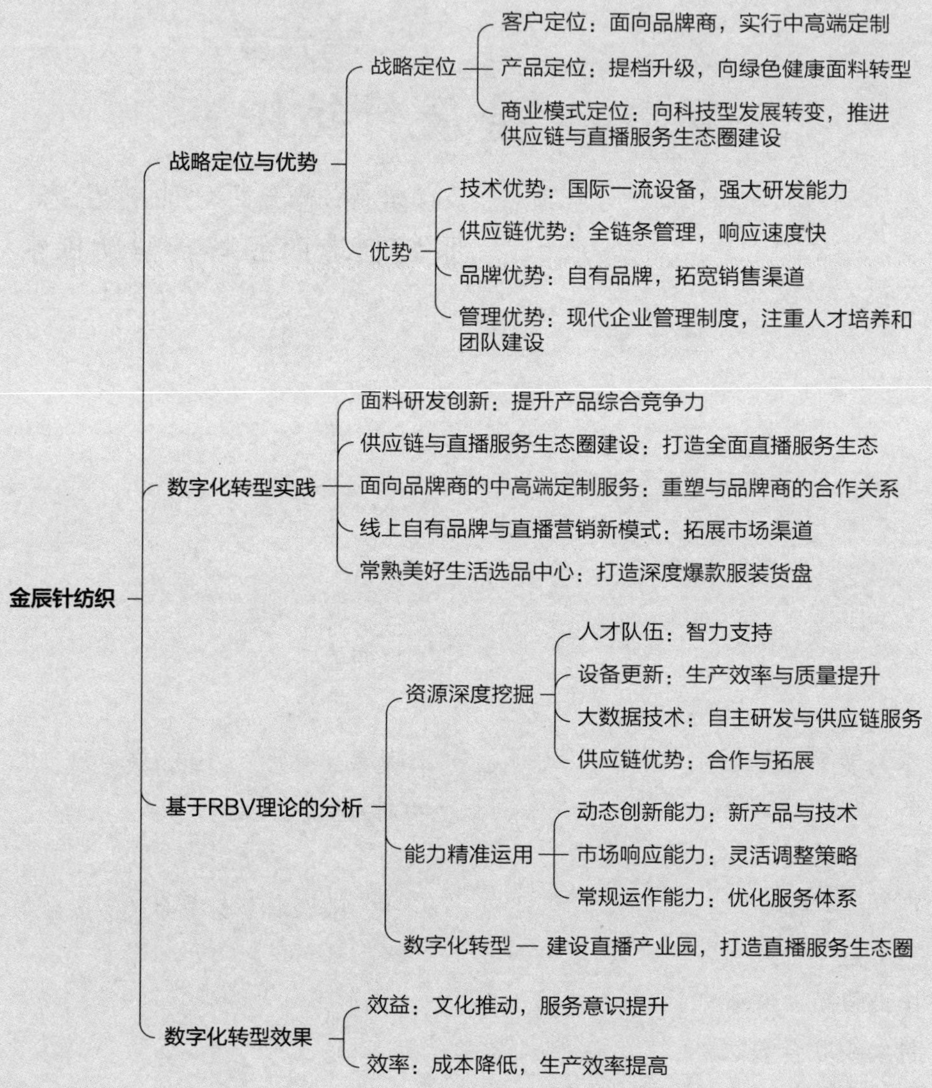
金辰针纺织
战略定位与优势
战略定位
客户定位：面向品牌商，实行中高端定制
产品定位：提档升级，向绿色健康面料转型
商业模式定位：向科技型发展转变，推进供应链与直播服务生态圈建设
优势
技术优势：国际一流设备，强大研发能力
供应链优势：全链条管理，响应速度快
品牌优势：自有品牌，拓宽销售渠道
管理优势：现代企业管理制度，注重人才培养和团队建设
数字化转型实践
面料研发创新：提升产品综合竞争力
供应链与直播服务生态圈建设：打造全面直播服务生态
面向品牌商的中高端定制服务：重塑与品牌商的合作关系
线上自有品牌与直播营销新模式：拓展市场渠道
常熟美好生活选品中心：打造深度爆款服装货盘
基于RBV理论的分析
资源深度挖掘
人才队伍：智力支持
设备更新：生产效率与质量提升
大数据技术：自主研发与供应链服务
供应链优势：合作与拓展
能力精准运用
动态创新能力：新产品与技术
市场响应能力：灵活调整策略
常规运作能力：优化服务体系
数字化转型 — 建设直播产业园，打造直播服务生态圈
数字化转型效果
效益：文化推动，服务意识提升
效率：成本降低，生产效率提高

金辰针纺织作为一家有着20多年历史的服装制造商，面对国际金融市场波动和运营成本上升的挑战，积极实施“二次创业”和数字化转型，不仅引进国际先进的生产设备和技术，还注重技术创新和品牌建设，创立了自有家居服品牌，并通过建设直播带货团队，打造全产业链运营模式。金辰针纺织的转型探索成功展示了技术创新和品牌建设在应对市场挑战中的关键作用，为传统制造业企业提供了转型升级的示范案例。

## 一、案例背景

金辰针纺织成立于1997年，占地面积160亩①，职工700人，是集工、贸于一体的规模型企业。金辰针纺织下设织造、染整、印花、服装生产工厂，形成了以针纺织品为核心的织造、染整、印花、服装、品牌营销事业群，以及从原材料纺丝、织造、印染、后整理到成衣生产、营销的服装全产业链。

早年间，金辰针纺织引进国际一流的织造、印染、成衣生产及检测设备，目前产棉类针织面料有2万吨，年产值超过10亿元。此外，金辰针纺织与LV、Calvin Klein、优衣库、ZARA、伊芙丽等知名成衣品牌合作，产品远销欧美、中东、韩国、日本以及东南亚等50多个国家和地区。

近年来，金辰针纺织既给传统线下品牌供货，也给蕉内、网易严选等电商供货，并于2021年5月成立了自有家居服品牌“橙线”。此外，金辰针纺织联合数家大型工厂整合服装供应链，自建家居服选品中心与直播带货团队，积极探索品牌运营与营销新模式。

① 1亩≈666.67平方米。

## 二、战略定位与优势

### （一）战略定位

金辰针纺织以“创新为先导，品质为生命”为发展理念，积极寻求转型升级，致力成为集研发、生产、品牌营销于一体的现代化服装制造企业。金辰针纺织的战略定位主要包括以下三个方面：

1. 客户定位

金辰针纺织由原来的面向普通市场转变为面向品牌商，实行中高端定制，并与诸多国际著名成衣品牌商建立了合作伙伴关系。通过明确目标客户，金辰针纺织更好地确定了自己的市场定位和营销策略，为合作伙伴提供个性化的解决方案。

2. 产品定位

金辰针纺织加大研发经费的投入，不断研发差别化纤维、新型材料在功能性面料上的应用，对产品进行提档升级，向绿色健康面料转型。

3. 商业模式定位

金辰针纺织从规模型发展向科技型发展转变，侧重于面料研发创新和产品竞争力的提升，同时推进供应链和直播服务生态圈的建设。通过与品牌商直接合作、建立线上自有品牌、成立供应链公司、投资直播产业园等举措，金辰针纺织实现了商业模式创新。

### （二）优势

金辰针纺织的优势主要体现在以下四个方面：

1. 技术优势

金辰针纺织引进国际一流的织造、印染、成衣生产及检测设备，具备强大的产品研发和生产能力，能够为客户提供高品质的产品和定制化服务。

2. 供应链优势

金辰针纺织凭借对供应链的整合优化，能够实现从原材料采购到成品销售的全链条管理，提高响应速度和成本控制能力。

3. 品牌优势

通过打造自有品牌并探索直播营销等新模式，金辰针纺织在提升品牌知名度的同时，拓宽了销售渠道，增强了市场竞争力。

4. 管理优势

金辰针纺织实行现代企业管理制度，注重人才培养和团队建设，营造了积极向上的企业文化氛围，为企业持续发展提供了有力保障。

综上所述，金辰针纺织以技术创新为驱动，通过整合优化供应链、打造自有品牌并探索新的营销模式，形成了独特的竞争优势，为公司未来的发展奠定了坚实的基础。

## 三、数字化转型实践

### （一）面料研发创新：提升产品综合竞争力

在数字化转型实践中，金辰针纺织首先聚焦面料研发创新。依托江苏省企业技术中心平台，金辰针纺织建立了面料研发运营中心，对传统面料进行改良升级，同时全面开展功能性面料的研发工作。利用新型纤维和新型后整理加工工艺，金辰针纺织成功开发出功能性面料 20 大类近 300 个品种，展现了在面料研发上的雄厚实力。这一实践不仅丰富了公司的产品线，也提升了产品的综合竞争力，使金辰针纺织在激烈的市场竞争中脱颖而出。

### （二）供应链与直播服务生态圈建设：打造全面直播服务生态

金辰针纺织深知供应链与直播服务生态圈建设的重要性，因此在这一领域进行了积极的探索和实践。金辰针纺织充分利用常熟的区位优势和人才资源，联合各大中型工厂，发挥自建供应链优势，推动内容制造、数字传媒、直播场景等“一站式”直播基础设施建设。金辰针纺织构建的“直播 + 电商”全产业链运营模式，为常熟乃至整个服装行业树立了标杆。未来，直播产业园计划集聚一批网红孵化公司、供应链公司等，形成行业集群效应，为入驻企业和当地企业的转型升级持续赋能。

### （三）面向品牌商的中高端定制服务：重塑与品牌商的合作关系

在数字化转型的过程中，金辰针纺织果断调整战略，从以往接受中间商委托代工转向直接面向品牌商进行面料研发与生产。这一战略调整使金辰针纺织能够与国内外著名成衣品牌商建立更加紧密的合作关系。通过与这些高端品牌合作，金辰针纺织不仅提升了自身的品牌形象和产品档次，而且在面料研发和生产技术方面获得了长足的进步。

### （四）线上自有品牌与直播营销新模式：拓展市场渠道

在数字化转型的浪潮中，金辰针纺织不甘于传统线下市场的竞争，积极进军线上市场。金辰针纺织成立了自有品牌“THE”“橙线”“桔夫人”，分别面向有不同需求的消费者群体。同时，金辰针纺织还积极探索直播营销新模式，注册了多个自播账号，利用抖音等直播平台进行品牌推广和销售。这一创新举措不仅拓展了金辰针纺织的市场渠道，更增强了与消费者的互动和联系。

### （五）常熟美好生活选品中心：打造深度爆款服装货盘

为了进一步提升产品的市场竞争力，金辰针纺织在常熟设立了单体面积 15000 平方米的家居服及女装选品中心。利用大数据技术，金辰针纺织自主研发生产并联合其他源头工厂共同打造深度爆款服装货盘。这一实践不仅丰富了金辰针纺织的产品线，而且提升了产品的市场竞争力。通过选品中心的建设和运营，金辰针纺织为消费者提供了更加多样化、个性化的选择。

总体来说，金辰针纺织在数字化转型的实践中，通过面料研发创新、供应链与直播服务生态圈建设、面向品牌商的中高端定制服务、线上自有品牌与直播营销新模式以及常熟美好生活选品中心等一系列举措，实现了从传统制造业向数字化、智能化、品牌化的转型升级。这些实践不仅提升了金辰针纺织的综合竞争力，也为其可持续发展奠定了坚实的基础。

## 四、基于 RBV 理论的分析

在数字化转型的浪潮中，金辰针纺织以其独特的发展理念和战略眼光，成功实现了从传统纺织制造向数字化、智能化、品牌化的现代纺织制造的华丽转身。具体来说，金辰针纺织主要从对资源的深度挖掘和对能力的精准运用两方面着手。

### （一）资源深度挖掘，构筑坚实基础

金辰针纺织的资源优势体现在多个方面。

首先，金辰针纺织拥有一支高素质、技能超群的人才队伍，包括经验丰富的国际贸易专业人才、技术精湛的员工以及具有前瞻视野的管理团队。这些人才为金辰针纺织的发展提供了强大的智力支持。

其次，金辰针纺织在设备更新与技术改造上不遗余力，每年投入近 2000 万元用于设备的购置和改造。这不仅提升了金辰针纺织的生产效率，也为其产品质量的提升奠定了坚实基础。

再次，金辰针纺织利用大数据技术，自主研发生产，提供服装供应链全链服务。同时，金辰针纺织注重节能减排，引进了新型智能化控制设备，实现了生产过程的绿色化、智能化。

最后，金辰针纺织凭借自建供应链优势，聚合优质产品，与多家电商平台和头部机构建立了合作关系。这种全方位的供应链布局，为公司业务的拓展提供了有力支撑。

### （二）能力精准运用，驱动转型升级

在充分利用现有资源的基础上，金辰针纺织精准运用各种能力，推动了公司的转型升级。

首先，金辰针纺织具备强大的动态创新能力。通过自主研发、联合研发以及与高校、科研机构合作，金辰针纺织不断推出新产品、新技术，满足了市场的多样化需求。此外，金辰针纺织注重组织结构和管理模式的创新，形成了市场化大部制运作的营销管理新模式。

其次，金辰针纺织具备敏捷的市场响应能力。金辰针纺织能够迅速感

知市场变化，灵活调整产品结构和生产策略。通过抖音直播、网红孵化等新模式，金辰针纺织成功拓展了线上市场，提升了品牌影响力。

最后，金辰针纺织具备扎实的常规运作能力。在计划、设计、生产、市场等各个环节，金辰针纺织都做到了精心组织、科学谋划。通过不断优化服务体系、提升产品质量和交货速度，金辰针纺织赢得了客户的信任和好评。

### （三）数字化转型，开启新征程

在数字化转型的过程中，金辰针纺织充分利用自身优势和能力，积极探索新的业务模式和发展路径。通过建设直播产业园、打造直播服务生态圈等措施，金辰针纺织成功实现了从传统制造向数字化、智能化、品牌化的转型升级。未来，金辰针纺织将继续深化数字化转型实践，不断提升自身竞争力和市场影响力。

## 五、数字化转型效果

金辰针纺织的数字化转型在效益和效率两个方面均取得了显著成效。

### （一）效益分析

金辰针纺织一直奉行大家庭的企业文化，正是这种文化，推动了金辰针纺织的不断发展。在开始“二次创业”之际，金辰针纺织在大家庭文化的基础上增加了伙伴文化，希望传递平等和相互信赖的信息，让员工充分认识到做好本职工作、服务好下一工段就是在服务客户，就是在赢取订单。只有这样，才能完全做到以顾客需求为焦点、以客户服务为中心。

金辰针纺织以“重服务、强执行、提效率”为工作指南，引导全体员工从“要我做好客户服务”转变为“我要做好客户服务”，将原来淡薄的服务意识提升为提供超出客户期待的服务。

### （二）效率分析

金辰针纺织通过加强内部管控等一系列措施，降低了成本，为提升产品综合竞争力做好了准备。每年金辰针纺织用于设备更新与技术改造的费用近2000万元，同时与供应商建立了合作伙伴关系，对整个供应链的集成、高效和降低成本发挥着重要作用。金辰针纺织还不断完善营销体系，设立了市场化大部制运作的营销管理新模式，为2025年实现年销售额20亿元的目标奠定了坚实的基础。

综上所述，金辰针纺织的数字化转型在效益和效率方面都取得了显著成效，不仅提升了企业的文化软实力，还优化了内部管理，降低了成本，提高了生产效率，为企业的可持续发展打下了坚实的基础。

## 六、案例小结

金辰针纺织坚持以创新为先导、以品质为生命的发展理念，不断提高产品档次，与国际著名成衣品牌商合作并引进国际一流的织造、印染、成衣生产及检测设备，在产品创新、经营效益等方面均取得了显著成效。

金辰针纺织严格按照现代企业制度进行管理，先后通过了ISO 9001质量管理体系认证、ISO 14000环境管理体系认证、美国环球服装社会责任组织认证、欧美Oeko-Tex Standard 100认证、WAL-MART检测实验室认证，实现了现场5S管理，通过清洁生产审核，获得“中国针织优秀品牌”“江苏省名牌产品”“中国驰名商标”“中国时尚针织示范企业”“产品质量国家免检”“中国纺织服装百强企业”“江苏省模范职工之家”“慈善募捐贡献奖”等多项荣誉。

面对运营成本上升和经营压力不断增大的挑战，金辰针纺织通过技术革新和工艺创新，积极寻求突破，并启动了二次创业进行转型升级。金辰针纺织的转型探索主要围绕自建品牌和共建直播生态两大方向展开。金辰针纺织不仅与国内外著名成衣品牌合作，提供中高端定制服务，还成功建立了自有家居服品牌“橙线”等，并积极探索直播营销新模式。

在战略定位上，金辰针纺织侧重于面料研发创新和产品竞争力的提升，同时推进供应链和直播服务生态圈建设。通过与品牌商直接合作、建立线上自有品牌、成立供应链公司、投资直播产业园等举措，金辰针纺织在持续的实践探索中，实现了业务模式的创新。

## 七、案例思考

（1）技术革新在企业转型中的作用是什么？金辰针纺织是如何利用技术革新达到转型目的的？

（2）直播营销为何能成为金辰针纺织转型升级的重要路径？金辰针纺织在当前市场环境下的优势和面临的挑战分别是什么？

（3）供应链管理在金辰针纺织转型升级过程中扮演了怎样的角色？企业是如何通过整合供应链资源提升竞争力的？

（4）金辰针纺织如何通过战略调整和品牌自建实现差异化竞争？在这个过程中，它遇到了哪些挑战，又是如何应对的？

（5）从金辰针纺织的案例来看，对于传统制造业企业，影响其转型升级的关键因素有哪些？企业应如何平衡技术创新、市场需求和产业链合作伙伴关系以实现可持续发展？

# 第七章 悠扬科技 07

## 精准赋能中小型织造企业，实现共生共赢共成长

我们将不断完善悠扬纺织云平台上的数据，希望在未来打造一个织造行业、染整行业一体化的工业互联网平台。

——悠扬科技董事长　瞿建平

- **悠扬科技**
  - **战略定位与优势**
    - 战略定位
      - 精准赋能
      - 共生共赢
    - 优势
      - 技术实力
      - 创新解决方案
      - 高性价比
      - 广泛的市场应用
  - **数字化转型实践**
    - 精准赋能：研发生产管理系统
      - “小而美”的生产管理系统
      - RFID刷卡机制
      - 实时监控与订单跟踪
    - 务实稳健：展现价值工程之美
      - 针对性强、性价比高
      - 优化产品功能、提升服务质量
    - 共生共赢：陪伴中小企业共同成长
      - 长期稳定的合作关系
      - 共同迎接挑战
  - **基于RBV理论的分析**
    - 资源的独特性与稀缺性
    - 资源的不可模仿性
    - 资源的应用与效果
  - **数字化转型效果**
    - 效益
      - 数据实时采集与分析
      - 生产现场数据可视化
      - 库存信息化管理
    - 效率
      - 市场覆盖与扩张
      - 客户支持与服务
      - 成本降低与效率提升

悠扬科技通过精准赋能中小型织造企业，成功打造了一套基于数据互联和挖掘的解决方案。凭借数据采集系统和 MES 系统，结合悠扬纺织云平台，悠扬科技为织造行业提供实时生产管理信息化服务，显著提升了制造协同效率，优化了工人绩效考核管理，从而有效地提高了企业利润率。悠扬科技不仅解决了传统模式下中小型织造企业的诸多痛点，还通过数字化改造，实现了开机效率的提升和成本的降低，成为助力织造行业数字化转型的典范。

## 一、案例背景

近年来，以 5G、大数据、物联网、人工智能等为代表的新一代信息技术加快了与传统产业集成创新和融合应用，纺织服装行业作为我国重要的传统产业，其数字化转型对经济发展尤为重要。我国纺织服装产业以中小规模企业居多，与大企业相比，中小型织造企业资金有限，技术相对匮乏，对数字化转型的需求也不同于大企业。

常熟本地纺织行业数字化工厂与管理系统服务商悠扬科技，以数据采集系统及 MES 系统为核心，依托悠扬纺织云平台，为中小型织造企业提供信息化设备及数据应用服务，为织造行业提供实时生产管理信息化解决方案，帮助织造企业提高制造协同效率、优化工人绩效考核管理、有效提高利润率。

## 二、战略定位与优势

悠扬科技的战略定位及优势体现在其深刻理解和精准赋能中小型织造企业的能力上。悠扬科技立足于织造行业的数字化转型需求，通过综合运用 5G、大数据、物联网和人工智能等新一代信息技术，为这些企业提供了从设备互联、数据采集到信息化呈现的一站式解决方案。

### （一）战略定位

1. 精准赋能

悠扬科技深知中小型织造企业在资金、技术和管理方面的局限，因此其战略定位在于通过量身定制的解决方案，精准地解决这些企业在数字化转型过程中遇到的痛点和难点，助力企业提升生产效率、优化管理。

2. 共生共赢

悠扬科技采取与中小企业共同成长的发展战略，通过打造基于合作伙伴的关系模式，提供从产品开发、市场营销到生产监控、管理考核等全系列、完整的解决方案，实现与客户的共生共赢。

### （二）优势

1. 技术实力

悠扬科技拥有一支专业的技术团队，具备软件设计、信号采集与通信、硬件设计等核心能力，能够为客户提供高效、稳定的信息化系统，解决企业生产管理中存在的各种问题。

2. 创新解决方案

针对中小型织造企业的实际需求，悠扬科技研发出了一系列创新解决方案，如“小而美”的生产管理系统、RFID 刷卡机制等，这些方案不仅能有效解决企业面临的难题，还能显著提升企业的生产效率和竞争力。

3. 高性价比

悠扬科技提供的解决方案具有较高的性价比，能为企业提供针对性强、效果显著的服务，同时不增加企业成本，符合中小型企业的实际需求。

4. 广泛的市场应用

悠扬科技打造的悠扬纺织云平台在中小企业应用中拥有较高的市场份额，通过平台资源，悠扬科技能够为更多的中小型织造企业提供优质的服务，实现更广泛的市场覆盖。

综上所述，悠扬科技凭借其精准赋能的战略定位和强大的技术实力，以及创新的解决方案和广泛的市场应用，成为中小型织造企业数字化转型的得力助手，助力这些企业不断成长。

## 三、数字化转型实践

### （一）精准赋能：研发生产管理系统

为了精准解决中小型织造企业的痛点及难点，悠扬科技深入织造工厂生产一线，针对经编、圆机、剑杆织机、喷水 / 喷气织机等不同机型的特点，研发出了一套“小而美”的生产管理系统。该系统通过引入 RFID 刷卡机制、信号灯（可以显示机台状态）等，实现了对工人有效工作时间的管理、机台状态的实时监控、订单生产进度的跟踪等功能。这不仅提高了企业的制造协同效率，也优化了工人绩效考核管理，有效提升了企业的利润率。

### （二）务实稳健：展现价值工程之美

悠扬科技在为客户提供解决方案时，始终秉承务实稳健的原则。从价值工程的角度看，悠扬科技注重解决客户最关心的问题，提供针对性强、性价比高的解决方案。这种务实的态度不仅赢得了客户的信任，也为自身赢得了良好的口碑。同时，悠扬科技通过优化产品功能、提升服务质量，不断满足客户的需求，实现了与客户的共生共赢。

### （三）共生共赢：陪伴中小企业共同成长

悠扬科技将自身的发展与客户的发展紧密联系在一起，采取了一种与中小型织造企业“共生、共赢、共成长”的战略。他们不仅为客户提供优质的产品和服务，还积极与客户建立长期稳定的合作关系，共同迎接挑战。面对经营环境的压力，悠扬科技更是积极采取措施，帮助客户渡过难关，展现了企业的社会责任感和担当精神。

悠扬科技通过数字化转型实践，成功解决了中小型织造企业的痛点及难点，提高了企业的生产效率和市场竞争力。悠扬科技的成功经验不仅为纺织行业的数字化转型提供了有益的借鉴，也为其他传统产业的转型升级提供了有益的启示。未来，悠扬科技将继续深耕纺织行业数字化转型领域，为更多企业提供优质的解决方案和服务，推动行业持续健康发展。

## 四、基于 RBV 理论的分析

悠扬科技作为一家致力为中小型织造企业提供设备互联、数据挖掘和呈现的应用服务公司，在行业数字化转型的道路上，通过深入理解和应用 RBV 理论，成功打造了独特且有效的解决方案。RBV 理论强调企业内部资源的独特性、稀缺性和不可模仿性，这些特性是企业在市场中保持竞争优势的关键。

### （一）资源的独特性与稀缺性

悠扬科技以其对织造行业深刻的理解和洞察，以及所拥有的信息技术资源为基础，开发了一系列独特且稀缺的解决方案。“小而美”的生产管理系统、RFID 刷卡机制、机台信息互联技术等，不仅解决了织造企业在生产和管理上的痛点，而且提高了企业的生产效率和竞争力。这些资源在织造行业具有极高的稀缺性，使悠扬科技在激烈的市场竞争中脱颖而出。

### （二）资源的不可模仿性

悠扬科技打造的悠扬纺织云平台，集成了数据采集系统、MES 系统等多个核心技术，这些技术的整合和应用并非一蹴而就，而是经过了长时间的积累和实践。这种独特的技术组合和创新能力，使悠扬科技的解决方案具有高度的不可模仿性。悠扬科技通过持续的研发和创新，不断完善和优化解决方案，始终走在行业的前沿。

### （三）资源的应用与效果

悠扬科技通过其独特的资源，为中小型织造企业提供完整的信息化解决方案，帮助这些企业实现了数字化转型。这些解决方案不仅提高了企业的生产效率，优化了工人的绩效考核管理，还显著提升了企业的利润率。这些实际效果证明了悠扬科技资源的有效性和价值。

总体来说，悠扬科技通过对 RBV 理论的深入理解和应用，成功打造了一系列独特、稀缺且不可模仿的信息技术资源，这些资源不仅解决了织造行业的痛点，还推动了该行业的数字化转型。悠扬科技的案例充分展示了 RBV 理论在实践中的应用价值，为其他企业的数字化转型提供了有益的借鉴。

## 五、数字化转型效果

悠扬科技的数字化转型在效益和效率两个方面均取得了显著成效。

### （一）效益分析

悠扬科技通过数字化转型，显著提升了效益，主要体现在以下三个方面。

1. 数据实时采集与分析

通过数据采集及管理系统，悠扬科技实现了工人与设备数据的实时采集，使得工厂管理者能够随时随地掌握生产现场的动态。这种实时性不仅提高了管理效率，也为决策提供了强有力的数据支持，从而增强了企业的竞争力。数据实时采集与分析能力在纺织行业是稀缺且不可替代的，为悠扬科技带来了长期的竞争优势。

2. 生产现场数据可视化

悠扬科技的织造生产执行系统能够对生产现场的数据进行可视化展示，使管理者直观地了解生产进度、设备状态等信息。生产现场数据可视化使得悠扬科技的管理更加便捷高效，同时提高了发现问题和解决问题的速度，进一步提升了生产效益。

3. 库存信息化管理

智能坯布管理系统的应用，使得悠扬科技能够实现对库存的信息化管理。通过实时采集、分析和预警，悠扬科技能够精准控制库存水平，降低库存成本，提高资金周转率。这种能力在纺织行业同样具有不可替代性，为悠扬科技带来了显著的效益提升。

### （二）效率分析

在效率方面，悠扬科技通过数字化转型同样取得了显著成效。

1. 市场覆盖与扩张

悠扬纺织云平台拥有销售数字化采集设备 11000 台，服务客户 425 家，覆盖了常熟 70% 的经编企业。这种广泛的市场覆盖不仅证明了悠扬科技产品的市场接受度，也为该企业带来了稳定的收入。

2. 客户支持与服务

通过智能坯布管理系统等，悠扬科技为梅李镇等地区的纺织企业提供了强有力的支持。这种支持不仅提升了客户满意度和忠诚度，也为悠扬科技树立了良好的品牌形象。

3. 成本降低与效率提升

使用悠扬科技系统后，工厂的开机效率、挡车效率以及工种衔接效率均得到了显著提升，同时人员成本有所降低。这种成本降低与效率提升的双重效应，使得悠扬科技能够在保持高质量服务的同时，实现成本的有效控制，进一步提升竞争力。

综上所述，悠扬科技通过数字化转型在效益和效率方面均取得了显著成效。这些成效不仅体现了悠扬科技在 RBV 理论指导下的战略眼光和实施能力，也为其他传统产业的数字化转型提供了有益的参考。

## 六、案例小结

悠扬科技运用 5G、大数据、物联网、人工智能等新一代信息技术，为客户提供了一套包括数据采集系统、MES 系统以及悠扬纺织云平台等在内的实时生产管理信息化解决方案。这些先进的解决方案不仅能有效提升中小型织造企业的制造协同效率，优化工人绩效考核管理，还能显著提高企业的利润率。悠扬科技通过对关键问题的精准定位、务实稳健的价值工程分析，以及与中小型企业共生共赢的战略，既成功帮助客户解决了实际面临的问题，也为公司自身的持续发展奠定了坚实的基础。

此外，悠扬科技为中小型织造企业打造的数字化解决方案，已助力众多企业实现了工厂开机情况的实时监测、开机效率的提高及产品价值的提升。悠扬科技将致力打造示范性数字化车间，在常熟区域内发挥示范作用，推动中小型织造企业上云，帮助这些企业提升核心业务的竞争力，实现持续发展与创新。

## 七、案例思考

（1）分析悠扬科技在面对中小型织造企业数字化转型的需求时，是如何识别这些企业的痛点和难点的。

（2）讨论悠扬科技通过其开发的信息化解决方案，尤其是数据采集系统、MES 系统及纺织云平台，是如何有效优化织造企业生产管理的。

（3）基于悠扬科技的案例，探讨在传统产业应用新一代信息技术（如 5G、大数据、物联网、AI 等）推动数字化转型面临的挑战与机遇。

（4）评估悠扬科技采用的“去繁从简、精准化解企业痛点”策略的有效性，并探讨在解决复杂问题时简化策略可能带来的影响。

（5）从价值工程的角度分析悠扬科技如何通过产品功能的简化与精准服务提升中小型织造企业的产品价值和竞争力。

# 第八章 08

# 凯兰针织

## 传统纺织外贸型企业的数字化转型之路

在信息时代，充满不确定性的商业环境促使企业不得不对传统产业进行改造，迎接纺织“数字”时代。凯兰针织在积极地思考和践行企业的数字化转型。

——凯兰针织董事长　吕国良

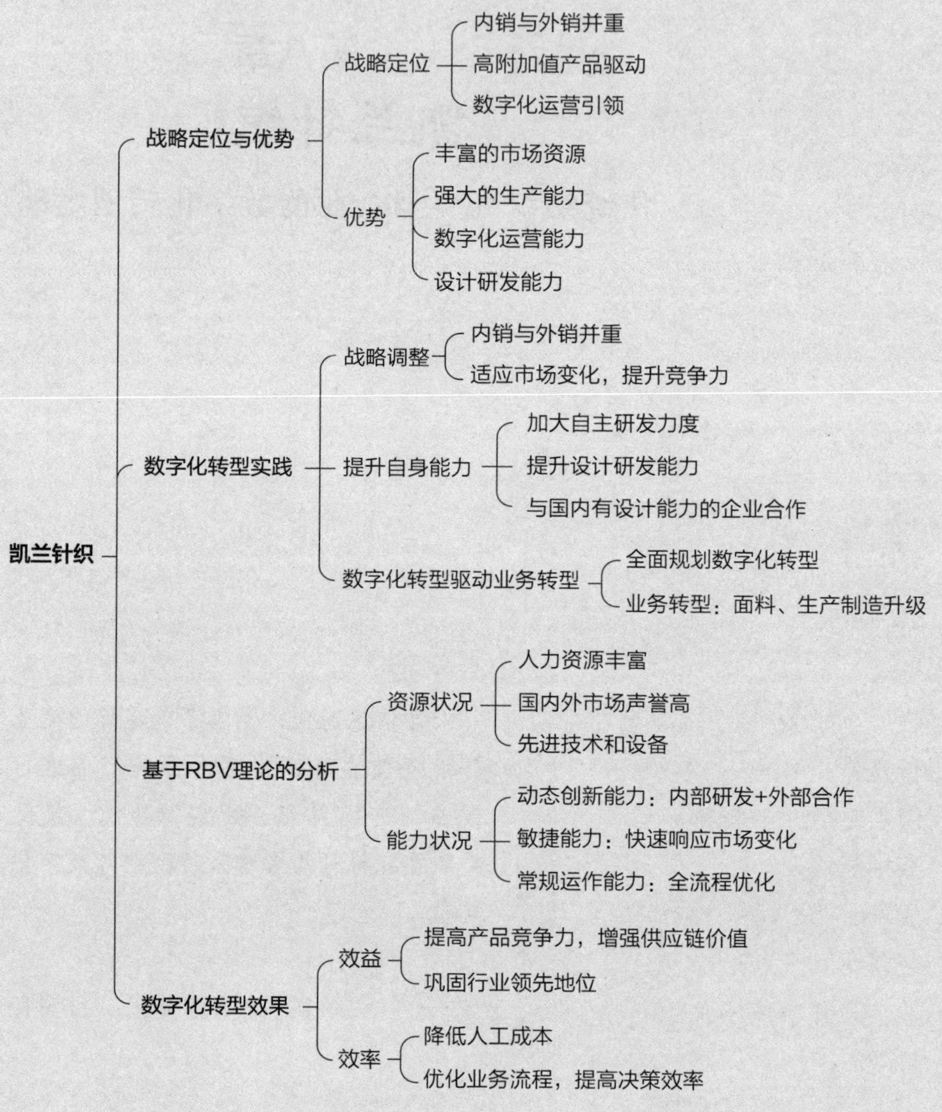
凯兰针织
战略定位与优势
战略定位
内销与外销并重
高附加值产品驱动
数字化运营引领
优势
丰富的市场资源
强大的生产能力
数字化运营能力
设计研发能力
数字化转型实践
战略调整
内销与外销并重
适应市场变化，提升竞争力
提升自身能力
加大自主研发力度
提升设计研发能力
与国内有设计能力的企业合作
数字化转型驱动业务转型
全面规划数字化转型
业务转型：面料、生产制造升级
基于RBV理论的分析
资源状况
人力资源丰富
国内外市场声誉高
先进技术和设备
能力状况
动态创新能力：内部研发+外部合作
敏捷能力：快速响应市场变化
常规运作能力：全流程优化
数字化转型效果
效益
提高产品竞争力，增强供应链价值
巩固行业领先地位
效率
降低人工成本
优化业务流程，提高决策效率

作为传统纺织外贸型企业中的佼佼者，凯兰针织面对日益严峻的市场环境和成本压力，积极寻求数字化转型之路。通过引入机器学习、数据挖掘等新技术，凯兰针织在面料研发、生产制造及市场营销等多个领域实现了创新升级，不仅提高了生产效率、降低了人工成本，还增强了产品的竞争力。凯兰针织的数字化转型，不仅是对企业自身能力的全面提升，也为传统纺织行业探索出了一条可持续发展之路。

## 一、案例背景

我国是纺织生产、出口和消费大国，产量占全球的 1/3 以上，出口量占全球的 25% 以上。其中，主要纺织产品（如棉纱、棉布、呢绒、丝织品、化纤和服装）生产量均居世界第一位。近年来，受中美贸易摩擦、内外市场需求放缓及综合成本持续提升等多重因素影响，我国纺织行业营业收入规模呈持续下降趋势。2016 年以后，纺织行业出口出现明显的负增长趋势。可见，当前纺织行业面临的形势十分严峻，而这些状况产生的原因主要是近年来人类对石油和天然气等非可再生资源的过度开采，使其日渐枯竭，天然纤维和合成纤维的原料来源受到很大制约，导致原料、能源成本上升。此外，纺织行业国际市场竞争日趋激烈、产品质量不高、技术装备落后、新产品开发不足、产品出口形势欠佳、高素质人才缺乏、企业信息化程度不高、缺乏品牌经营理念等也是我国纺织行业面临的巨大挑战。

凯兰针织亟须利用机器学习、数据挖掘等新技术，突破传统模式，解决人力不足的问题，在面料方面转型为“染整一体”，在生产制造方面进行机械化、自动化、智能化升级。

## 二、战略定位与优势

凯兰针织作为一家拥有多年出口经验的毛针织产品生产企业，在面临行业内外环境巨大变化的情况下，明确了自己的战略定位并凸显了企业的优势。

### （一）战略定位

凯兰针织将战略定位为“内销与外销并重，高附加值产品驱动，数字化运营引领”。这一定位旨在响应国内外市场需求的变化，优化产品结构，提高产品质量和附加值，同时借助数字化手段提升运营效率和市场响应速度。

### （二）优势

1. 丰富的市场资源

凯兰针织在国际市场拥有广泛的合作基础和良好声誉，同时在国内市场也积极开拓，形成了内销与外销并重的市场格局。这种市场资源优势使得企业能够更好地应对市场变化，满足不同客户群体的需求。

2. 强大的生产能力

凯兰针织拥有先进的生产设备和完善的生产线，能够保证产品质量和交货期。同时，凯兰针织在生产管理上不断优化升级，引入智能化、自动化生产模式，进一步提高了生产效率。

3. 数字化运营能力

凯兰针织注重数字化转型，通过信息化技术提升内部管理和业务运营水平。凯兰针织建立了完善的数字化管理系统，实现了从研发、生产到销售等各个环节的数字化控制和管理，提高了企业运营效率和市场响应速度。

4. 设计研发能力

虽然凯兰针织在设计研发方面相对较弱，但该企业已经认识到这一点并正在积极改进。通过与国内有设计能力的企业合作、加大自主研发力度等方式，凯兰针织不断提升产品设计研发能力，以满足市场不断变化的需求。

在未来的发展中，凯兰针织将继续优化产品结构、提高产品质量和附加值、加强数字化运营和研发创新能力，以确保在日益激烈的市场竞争中立于不败之地。

## 三、数字化转型实践

### （一）战略调整：内销与外销并重

凯兰针织在面对国内外经济环境的变化和市场需求的新趋势时，敏锐地感知到市场的转变，并迅速进行了战略调整。凯兰针织不再单纯依赖外销市场，而是将目光投向国内市场，实行内销与外销并重的策略。这一调整使得凯兰针织能够更好地适应市场变化，提升产品的市场竞争力。

凯兰针织积极了解国内外市场新趋势及客户需求，调整产品策略，利用先进技术和设施生产高附加值产品，以满足不同市场的需求。

### （二）提升自身能力，打造全产业链

凯兰针织意识到，要提升产品竞争力，打造全产业链是关键。凯兰针织加大了自主研发力度，注重提升设计研发能力，同时积极与国内有设计能力的企业合作，共同开拓市场。这一举措不仅提升了凯兰针织的产品设计能力，也为其形成从设计到生产再到销售的完整产业链奠定了坚实的基础。

### （三）数字化转型驱动业务转型

凯兰针织深知数字化转型的重要性，因此积极践行数字化运营之路。凯兰针织从战略转型和业务转型两个方面入手：在战略转型方面，从战略制定、资金支持、人力培养等方面全面规划数字化转型；在业务转型方面，从面料入手，实现“染整一体”，然后在生产制造方面进行机械化、自动化和智能化升级。

通过数字化转型，凯兰针织实现了生产组织方式和管理模式的精细化升级，提高了生产效率和产品质量，降低了人工成本，为企业未来的发展打下了坚实的基础。

凯兰针织通过战略调整、提升自身能力和数字化转型等措施，成功实现了从传统纺织外贸型企业向数字化、智能化、全产业链企业的转型。这一转型不仅提升了凯兰针织的市场竞争力，也为传统纺织行业的转型升级提供了有益的借鉴。

## 四、基于 RBV 理论的分析

在数字化转型的浪潮中，凯兰针织以其独特的资源与优势，积极应对传统纺织行业的挑战，实现了从传统制造向数字化、智能化制造的华丽转身。我们基于 RBV 理论，对凯兰针织的数字化转型进行了深度剖析。

### （一）资源状况

凯兰针织地处江苏省常熟市高新技术产业区，拥有丰富的人力资源。这些劳动力不仅数量充足，而且工作效率高、积极性强，为凯兰针织的生产提供了坚实的支撑。同时，凯兰针织在国内外市场均享有较高声誉，与多个国家和地区建立了广泛的合作关系，具有广阔的市场空间。此外，凯兰针织积极引进先进技术和设备，强化质量意识，确保产品质量，进一步提升了市场竞争力。

### （二）能力状况

#### 1. 动态创新能力

凯兰针织在数字化转型过程中展现出了强大的动态创新能力：不仅注重内部研发能力的提升，还积极与外部有设计能力的企业合作，共同推动产品创新。通过业务转型和战略调整，凯兰针织成功实现了从面料到生产制造的全产业链升级，提升了产品的附加值和竞争力。

#### 2. 敏捷能力

面对快速变化的市场环境，凯兰针织展现出了卓越的敏捷能力：能够迅速感知客户需求的变化，及时调整产品策略和市场布局。同时，凯兰针织积极寻求数字化转型的解决方案，以降低人工成本、提高生产效率。这种对市场变化的快速响应能力，使凯兰针织能够在激烈的市场竞争中保持领先地位。

3. 常规运作能力

在常规运作方面，凯兰针织通过精细化管理和数字化应用，实现了从计划、设计、生产到市场的全流程优化。凯兰针织注重战略规划和人才培养，为数字化转型提供了有力的支持。同时，通过与国际知名品牌合作、打造自有品牌等方式，凯兰针织的市场影响力和品牌价值得到进一步提升。

综上所述，凯兰针织通过数字化转型实现了从传统制造向数字化、智能化制造的成功转型。凯兰针织凭借其独特的资源与能力优势，在激烈的市场竞争中脱颖而出，成为纺织行业的佼佼者。凯兰针织的数字化转型实践为其他传统制造企业的转型升级提供了有益的借鉴。

## 五、数字化转型效果

凯兰针织的数字化转型在效益和效率两个方面均取得了显著成效。

### （一）效益分析

凯兰针织通过数字化转型，弥补了自身在设计及研发能力上的不足，提高了产品的竞争力，以及整个供应链的价值和竞争力。这有助于凯兰针织打造产业链品牌，确保未来的长期增长。

数字化转型增强了凯兰针织在全球市场的竞争力，特别是在与上游企业合作、共同开拓市场方面，数字化转型促使协作与沟通更高效，进一步巩固了凯兰针织在行业中的领先地位。

### （二）效率分析

数字化转型大大降低了凯兰针织的人工成本。通过技术升级实现生产制造的机械化、自动化和智能化之后，凯兰针织在生产环节实现了效率的大幅提升。

数字化转型优化了凯兰针织的业务流程，提高了凯兰针织决策的效率和准确性。这使得凯兰针织能够更快速地响应市场变化，把握商业机会，进一步增强市场竞争力。

## 六、案例小结

凯兰针织是一家专注于毛针织产品出口业务的规模型企业。面对纺织行业内外部环境的巨大变化，凯兰针织积极探索数字化转型之路，以应对国内外市场需求的变化、提升企业竞争力。在战略调整层面，凯兰针织坚持内销与外销并重的原则，优化产品策略；在能力建设层面，凯兰针织通过提高自身设计研发能力和与其他企业合作，努力打造全产业链生产模式；在实践操作层面，凯兰针织积极践行数字化运营，通过技术升级实现生产制造的机械化、自动化和智能化，确保企业在日益激烈的市场竞争中持续发展。

## 七、案例思考

（1）思考凯兰针织面临的内外部挑战主要是什么，这些挑战对企业的发展有何影响。

（2）凯兰针织如何通过数字化转型解决内外部环境带来的挑战？请结合案例具体分析其采取的措施。

（3）分析传统纺织外贸型企业的数字化转型在实施过程中可能遇到的困难，并提出解决方案。

（4）凯兰针织在强化内销市场竞争力时，应如何改善和优化自身的产品设计与研发能力？

（5）未来凯兰针织在推进数字化转型和业务升级的过程中，应重点关注哪些领域或方向？

# 第九章 09

# 归心服饰

## 衣以载道，向心向行

做自己喜欢的衣服，以衣服表达自己的道，追求人与自然的和谐。

——归心服饰创始人　陈坤

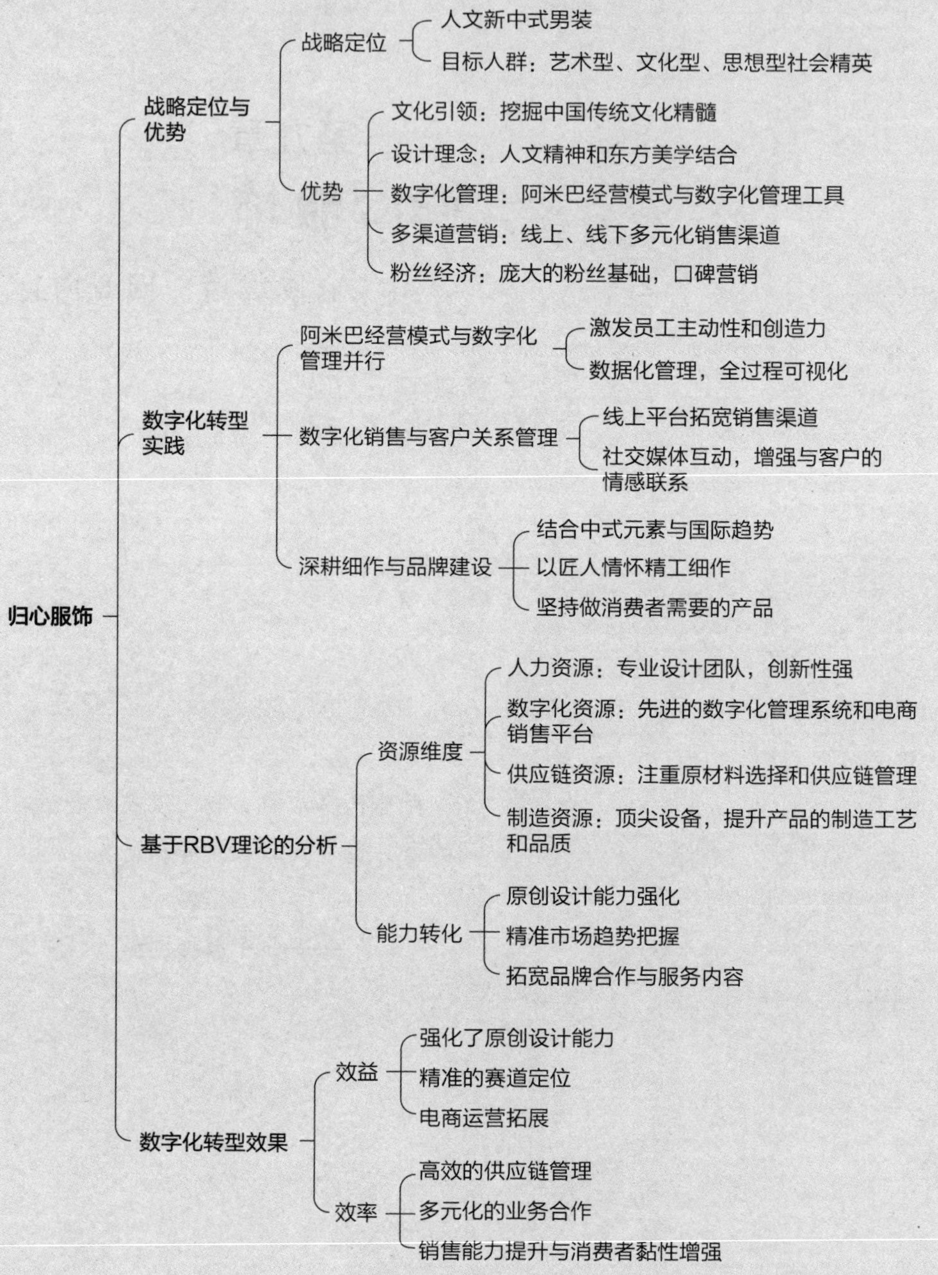
归心服饰
战略定位与优势
战略定位
人文新中式男装
目标人群：艺术型、文化型、思想型社会精英
优势
文化引领：挖掘中国传统文化精髓
设计理念：人文精神和东方美学结合
数字化管理：阿米巴经营模式与数字化管理工具
多渠道营销：线上、线下多元化销售渠道
粉丝经济：庞大的粉丝基础，口碑营销
数字化转型实践
阿米巴经营模式与数字化管理并行
激发员工主动性和创造力
数据化管理，全过程可视化
数字化销售与客户关系管理
线上平台拓宽销售渠道
社交媒体互动，增强与客户的情感联系
深耕细作与品牌建设
结合中式元素与国际趋势
以匠人情怀精工细作
坚持做消费者需要的产品
基于RBV理论的分析
资源维度
人力资源：专业设计团队，创新性强
数字化资源：先进的数字化管理系统和电商销售平台
供应链资源：注重原材料选择和供应链管理
制造资源：顶尖设备，提升产品的制造工艺和品质
能力转化
原创设计能力强化
精准市场趋势把握
拓宽品牌合作与服务内容
数字化转型效果
效益
强化了原创设计能力
精准的赛道定位
电商运营拓展
效率
高效的供应链管理
多元化的业务合作
销售能力提升与消费者黏性增强

归心服饰专注中高端市场，秉持原创设计和品牌文化理念，积极拥抱数字化转型，通过引入先进信息管理系统、优化生产流程、拓展线上销售和数字化营销等举措，提升品牌市场竞争力与客户满意度。在供应链管理方面，归心服饰利用数字化工具实现透明化和协同化，降低了成本，提高了效率。同时，通过线上、线下营销活动，成功塑造独特品牌形象，吸引忠实消费者。面对数字化转型挑战，归心服饰不断创新优化，抓住市场机遇，实现可持续发展，为传统服装行业转型升级提供了宝贵经验。

## 一、案例背景

中国风是一种建立在中国传统文化基础上，蕴含大量中国元素并能适应全球流行趋势的艺术形式或生活方式。国潮将优秀传统文化和现代潮流相结合，用民族元素承载品牌理念，表达由外到内的文化认同和文化提升。随着经济发展与国人文化认同感增强，“中国风”和“国潮”逐渐成为市场新趋势，国风服装品牌也快速崛起，成为一股新力量。苏州精衣舍服饰有限公司（以下简称“精衣舍”）旗下归心服饰就是典型代表之一。

精衣舍于 2014 年 4 月在古典清雅的江南腹地苏州常熟成立。精舍是佛祖讲经布道的地方，是修行精进的精神居处，而“精衣舍”善制衣，旨在以衣布道，践行“衣人合一”的着装理念。用归心服饰创始人陈坤的话来说，就是做自己喜欢的衣服，以衣服表达自己的道，追求人与自然的和谐。

## 二、战略定位与优势

归心服饰以创始人陈坤深厚的文化底蕴和对现代生活哲学的洞察为基础，致力打造人文新中式男装品牌。归心服饰的核心理念是“回归本心、向心向行”，这不仅是对服饰的重新定义，更是对当下国人精神追求的一种回应。

## （一）战略定位

归心服饰定位于人文新中式男装，瞄准艺术型、文化型、思想型的社会精英人群，以东方哲学思想为魂，以东方美学为设计灵感，将中式元素与国际流行趋势巧妙结合，通过匠人情怀精工细作，实现服装功能性、装饰性与精神性的和谐统一。

## （二）优势

### 1. 文化引领

归心服饰深刻理解并挖掘中国传统文化精髓，将道家“外璞内玉”的哲学思想融入服饰设计，倡导简约而不简单的生活态度，引领了一种新的消费文化和穿着哲学。

### 2. 设计理念

归心服饰坚持以人文精神和东方美学为指导，结合现代设计理念和国际流行趋势，打造既具有东方神韵又符合现代审美的服饰产品，满足了目标消费者对个性化和品质化生活的追求。

### 3. 数字化管理

归心服饰运用阿米巴经营模式和数字化管理工具，实现了企业内部的高效运作和科学决策。通过数据化管理，归心服饰精准把握市场动态和消费者需求，不断提升品牌竞争力和市场占有率。

### 4. 多渠道营销

归心服饰在线上、线下多个平台设有店铺，并通过微信朋友圈等提供购买和体验服务，形成了多元化的销售渠道和广泛的市场覆盖。这不仅提升了品牌知名度，也增强了与消费者的互动。

### 5. 粉丝经济

归心服饰天猫旗舰店拥有近 20 万粉丝，这些粉丝不仅是品牌的忠实消费者，也是品牌传播和推广的重要力量。通过粉丝经济模式，归心服饰实现了口碑营销和用户自发推广的良性循环。

综上所述，归心服饰凭借深厚的文化底蕴、独特的设计理念、高效的数字化管理、多元化的销售渠道以及庞大的粉丝群体等，在竞争激烈的男装市场脱颖而出，成为新中式男装的领军品牌。

## 三、数字化转型实践

### （一）阿米巴经营模式与数字化管理并行

归心服饰在企业管理上采取了阿米巴经营模式与数字化管理并行的策略。这一模式借鉴了稻盛和夫的管理哲学，将企业划分为多个小集体（阿米巴），每个阿米巴自行制订计划、独立核算，从而激发员工的主动性和创造力。通过数字化管理，归心服饰实现了从样衣制作到质检通过的全过程可视化，帮助管理者精准把握生产进度，及时做出科学决策。归心服饰所有部门均实行数字化管理，通过数据将生产过程中的变化固化，定期追踪数据变化，确保生产效率和产品质量的提升。

### （二）数字化销售与客户关系管理

在销售环节，归心服饰充分利用数字化手段，通过线上平台拓宽销售渠道，并利用预售模式降低成本。此外，归心服饰还通过微信朋友圈等提供购买和体验服务，增强了与消费者的互动。归心服饰在线上拥有多家店铺，有近 20 万粉丝，其中不乏长期购买的忠实客户。同时，归心服饰计划组织线下活动，并通过纪录片等方式记录客户成长，进一步加深与客户的情感联系。

### （三）深耕细作与品牌建设

在数字化转型过程中，归心服饰不仅注重提高生产效率和降低成本，还坚持深耕细作，注重品牌文化和产品内涵的建设。通过将中式元素与国际流行趋势结合，以匠人情怀精工细作，归心服饰成功打造了人文新中式男装的品牌形象，吸引了大量艺术型、文化型、思想型的消费者。归心服饰帮助多位明星设计、制作服装，其产品深受消费者喜爱。归心服饰坚持做消费者需要的产品，以好口碑触达核心消费群体，实现良性商业循环。

## 四、基于 RBV 理论的分析

在归心服饰的案例中，我们看到了一个服装设计师原创品牌如何通过深度挖掘和利用自身资源，结合 RBV 理论实现品牌的差异化竞争和市场影响力的显著提升。归心服饰不仅将传统文化与现代审美巧妙结合，而且通过技术创新和精细化运营，走出了一条独具特色的数字化转型之路。

### （一）人力资源

归心服饰拥有一支由国内十佳设计师领衔的专业团队，他们深谙中式男装的设计之道，将传统文化元素与现代审美趋势融合，创造出了既符合现代审美又具有深厚文化内涵的时尚新中式男装。这支团队的专业性和创新性，是归心服饰能够持续引领市场潮流、满足高端消费者需求的关键。

### （二）数字化资源

归心服饰积极探索数字化转型之路，通过引进先进的数字化管理系统和电商销售平台，实现了销售渠道的数字化升级。这种数字化转型不仅提升了品牌的管理效率和运营精准度，更通过数据驱动的方式，为品牌的市场推广和产品创新提供了有力支持。

### （三）供应链资源

供应链资源是归心服饰的又一重要优势。归心服饰注重原材料的选择和供应链的管理，通过选用天然纤维和古法生态种植的面料，结合现代除菌除湿工艺，确保了产品的品质和独特性。同时，通过与供应商建立紧密的合作关系，归心服饰确保了供应链的稳定性，为快速响应市场变化提供了有力保障。

### （四）制造资源

归心服饰引进了业内顶尖的 STOLL 设备，这些设备不仅提升了产品的制造工艺和品质，而且通过自动化和智能化技术的应用，降低了生产成本，提高了生产效率。

综上所述，归心服饰成功地打造了一个具有独特竞争优势和广泛市场影响力的服装设计师原创品牌。在未来的发展中，归心服饰将继续坚持创新驱动和数字化转型战略，不断提升品牌价值和市场竞争力。

## 五、数字化转型效果

归心服饰的数字化转型在效益和效率两个方面均取得了显著成效。

### （一）效益分析

1. 强化了原创设计能力

数字化转型进一步强化了归心服饰的原创设计能力，设计迭代迅速，能够在服装行业形成强大的竞争力，满足目标消费客户的核心需求。

2. 精准的赛道定位

数字化转型使归心服饰能够更精准地把握市场趋势，实现与其他服装品类的有效区分，形成独特的品牌特色。

3. 电商运营的拓展

数字化转型帮助归心服饰拓宽了品牌合作的形式，丰富了服务内容，有效弥补了营销弱势，提升了品牌影响力。

### （二）效率分析

1. 高效的供应链管理

数字化转型优化了归心服饰的供应链管理，提高了运营效率，满足了高效生产的需求。

2. 多元化的业务合作

数字化转型使归心服饰能够与多个品牌进行垂直合作，拓展除了设计之外的多项业务，实现了多元化发展。

3. 销售能力提升和消费者黏性增强

数字化转型不仅提升了归心服饰的销售能力，还通过精准营销和优质服务，增强了消费者黏性，为品牌的长期发展奠定了坚实基础。

综上所述，通过数字化转型，归心服饰巩固了在服装行业的地位。

## 六、案例小结

归心服饰以“衣以载道，向心向行”为品牌理念，主张一种简单、自然、真实的生活方式，并且通过汲取东方哲学思想和美学设计，瞄准社会精英人群，专注于提供新中式男装。

在经营管理上，归心服饰采用了融合阿米巴经营模式和数字化管理的策略，实现了企业的高效运营和可持续发展。归心服饰还特别注重深耕细作和推行良性商业实践，旨在通过优质的服务满足消费者的需求，并依靠良好的口碑吸引消费者，体现了企业的社会价值。

归心服饰的成功，在于其在数字化背景下能够利用团队的智慧和才干，将中国的优秀传统文化与现代审美相结合，使用民族元素来承载品牌理念，创造出具有文脉传承意义的精品，从而引领了一种全新的国潮。此外，归心服饰在设计、选材、裁剪以及制作方面都追求极致，选择天然材料并采用高科技工艺，实现了小批量生产，既满足了消费者对功能性和装饰性的需求，也满足了他们不断提升的精神追求。

此外，归心服饰通过与江西服装学院深度合作，推进“产、学、研”一体化的校企合作模式，以期为社会培养更多应用型人才。归心服饰在自己的设计师品牌小众细分市场以及消费者消费层次不断演化的领域深耕细作，引领设计师产业持续发展，展现了品牌在传统与现代交融中的创新精神和发展潜力。

## 七、案例思考

（1）归心服饰的理念是什么？这种理念如何在其产品设计与营销策略中体现？

（2）阿米巴经营模式与数字化管理并行给归心服饰带来了哪些优势？

（3）如何评价归心服饰结合中国传统文化和现代潮流的做法？这种结合对品牌发展有何意义？

（4）从归心服饰的案例中，我们可以学到哪些关于品牌建设和企业管理的重要原则？

（5）在迅速变化的市场环境中，归心服饰应如何保持客户黏性，同时持续吸引新客户？

# 第十章 新凯盛 10

## 老掌门勇闯智造新时代

我国服装企业的核心竞争力必须由劳动力成本优势向功能优势、效率优势、性价比优势转变，新凯盛必须直面未来中国服装业更深层次的竞争。

——新凯盛董事长　奚炳华

- **新凯盛**
  - 战略定位与优势
    - 战略定位
      - 数字化转型：引入ERP系统，实现企业数字化
      - 技术创新：以市场为导向，快速响应客户需求
      - 客户导向：与世界知名服装品牌建立合作关系
    - 优势
      - 技术创新优势：注重技术开发，保持与市场紧密连接
      - 数字化转型优势：使用ERP系统，提高管理效率和市场响应速度
      - 客户合作优势：稳定的订单来源和市场份额，树立良好品牌形象
  - 数字化转型实践
    - 转变思想：面对招工难、接班人问题，探索数字化转型之路
    - 初步尝试：引入ERP系统，实现部分数字化应用
    - 深化实践：提高生产自动化水平，优化供应链管理，加强技术研发
    - 成效与展望：取得显著成效，计划进一步加大数字化转型投入
  - 基于RBV理论的分析
    - 资源状况
      - 市场资源：与世界知名品牌建立长期合作关系
      - 人力资源：引进和培养外贸人才
    - 能力状况
      - 技术创新能力：快速开发新产品，满足客户需求
      - 生产流程管理能力：改善生产流程，提高生产效率和质量控制能力
      - 市场营销能力：多渠道拓展业务，实现销售额持续增长
    - 资源到能力的转化
      - 通过市场资源整合，提升技术创新能力和市场响应速度
      - 通过人力资源优化，提高生产流程管理和质量控制能力
      - 通过技术创新和市场营销，实现销售额和市场份额的增长
  - 数字化转型效果
    - 效益
      - 供需不平衡的改善：避免库存积压，提高供需匹配度
      - 生产协同和订单跟踪效率的提升：迅速响应市场变化，提高供货速度
      - 市场预测能力的增强：通过媒体宣传和大数据分析，提高市场洞察力
      - 核心竞争力的转变：从劳动力成本优势向功能、效率、性价比优势转变
    - 效率
      - 生产效率和产能的提高：建设新厂、引进新设备，提升生产效率和产能
      - 市场份额的扩大：销售额上升，市场份额在欧美、日本、东南亚等地区逐年增长
      - 运营效率的提升：通过自动化和智能化手段，减轻工人的劳动强度，提高工厂的生产效率

新凯盛是常熟地区规模较大的纺织企业，以其先进的技术和优质的产品享誉国内外。近年来，面对招工难、接班人难选、品牌打造及产业转移困难等挑战，企业掌门人奚炳华决定通过数字化转型迎接新时代。新凯盛通过引进智能化设备、提升管理水平、优化市场策略，不仅提高了生产效率，还增强了市场竞争力。奚炳华坚信，数字化转型是企业跨越式发展的关键，新凯盛正朝着智造新时代迈进，力争在未来的纺织行业中保持领先地位。

## 一、案例背景

新凯盛拥有先进的设备，既环保又节能，技术力量雄厚，产品质量上乘，从织造、印染、面料到家纺、成衣等一条龙生产，年产各类针织面料 10000 多吨，针织成衣、床上用品 300 万套（件），产品通过欧盟 OKEO-TEX100 CERTIFICATION 和 INTETEK-ECOCERTIFICATION 国际环保面料质量体系认证，远销欧美及东南亚市场，受到客户的广泛赞誉。

## 二、战略定位与优势

### （一）战略定位

1. 数字化转型

新凯盛已经初步完成了原始资本积累，并跨入了更加关键的发展阶段。面对日趋激烈的市场竞争，企业致力向规模经营的目标发展，必须进行战略转型。数字化转型是新凯盛战略转型的重要方向，包括引入 ERP 系统，实现企业数字化，并考虑实际状况不走自主品牌，专注于产品开发和代加工。

2. 技术创新

新凯盛把提高企业和产品市场竞争力作为企业创新的立足点，以市场为导向，通过技术创新和市场信息优势快速响应客户的需求，保证了企业的市场占有率近年来稳中有升。

3. 客户导向

新凯盛与世界知名服装品牌建立了良好的合作关系，是这些国际品牌指定的供应商，产品行销欧美、日本、东南亚等国家和地区。新凯盛每年6—7月会开发新面料供客户选择，11—12月将开发的新产品推介给客户，根据客户需求进行定制化生产。

### （二）优势

1. 技术创新优势

新凯盛注重技术开发，通过技术进步提高效率，降低成本。新凯盛每年都会开发新面料，并根据客户需求进行产品推介，保持了与市场的紧密连接。

2. 数字化转型优势

新凯盛使用自行开发的 ERP 系统，初步实现了一定程度的数字化应用。这有助于企业实现信息的快速传递和共享，提高了管理效率和市场响应速度。

3. 客户合作优势

新凯盛与世界知名服装品牌公司建立了良好的合作关系，是这些国际品牌指定的供应商。这为新凯盛提供了稳定的订单来源和市场份额，并有助于其树立良好的品牌形象。

综上所述，新凯盛的战略定位是以数字化转型和技术创新为方向，以客户需求为导向，致力提高企业和产品的市场竞争力。

## 三、数字化转型实践

### （一）转变思想

新凯盛在纺织行业面临着招工难、接班人难选等多重挑战。招工难主要是指年轻人对传统纺织行业缺乏兴趣，导致劳动力短缺。接班人难选是指老掌门人奚炳华面临传承问题，年轻一代对纺织业缺乏接班意愿。这些挑战使奚炳华意识到传统经营模式的局限性，并开始转变思想，探索数字化转型之路。

### （二）数字化转型的初步尝试

新凯盛在发展中期已经开始了数字化转型的初步尝试——引入 ERP 系统，实现部分数字化应用，如订单跟踪和生产进度监控等。通过 ERP 系统，新凯盛初步实现了数字化管理，提高了工作效率。

### （三）数字化转型的深化实践

随着市场竞争的加剧和企业规模的扩大，新凯盛的数字化转型实践不断深化。通过引进先进设备和技术，提高了生产的自动化水平，降低了工人劳动的强度。通过优化供应链管理，实现了订单快速响应，减少了库存积压。通过技术研发，提升了产品竞争力，如开发新面料、优化生产工艺等。

### （四）数字化转型的成效与未来展望

通过数字化转型实践，新凯盛在生产效率、产品质量、市场竞争力等方面均取得了显著成效。同时，新凯盛也对未来数字化转型的深化应用和发展方向有了更加清晰的规划。数字化转型提高了新凯盛的生产效率和产品质量，增强了其市场竞争力。新凯盛计划进一步加大数字化转型投入，探索智能制造、工业互联网等新技术应用，以实现可持续发展。

## 四、基于 RBV 理论的分析

### （一）资源状况

新凯盛拥有丰富的市场资源，与世界知名品牌建立了长期合作关系，并通过购买土地建设现代化工厂，提升了产能和效率。此外，新凯盛的人力资源虽然面临挑战，但通过引进和培养外贸人才，保证了与国际市场的紧密联系。

### （二）能力状况

新凯盛注重技术创新和产品开发，能够根据市场趋势快速开发新产品，满足客户需求。同时，新凯盛通过数字化转型改善了生产流程管理，提高了生产效率和质量控制能力。此外，在市场营销方面，新凯盛通过多渠道拓展业务，实现了销售额的持续增长。

通过不断提升技术创新能力和优化市场资源配置，新凯盛成功应对市场变化带来的挑战，实现了稳健发展。新凯盛的数字化转型实践对于其他面临类似挑战的企业具有一定的借鉴意义。

## 五、数字化转型效果

新凯盛的数字化转型在效益和效率两个方面均取得了显著成效。

### （一）效益分析

1. 供需不平衡的改善

新凯盛通过数字化转型，有效地改善了供需不平衡的问题。新凯盛直接从源头对接大客户，根据订单数量计算所需面料数量，然后组织生产，避免了库存积压的可能性。

2. 生产协同和订单跟踪效率的提升

数字化转型提高了生产协同和订单跟踪的效率。新凯盛能够迅速响应市场变化，如当面料或款式热销时，能够在短时间内完成供货。

3. 市场预测能力的增强

在国内生产出的产品，新凯盛通过多家媒体宣传以及大数据分析进行市场预测，提高了市场洞察力和反应速度。

4. 核心竞争力的转变

随着数字化转型的推进，新凯盛意识到企业核心竞争力需要从劳动力成本优势向功能优势、效率优势、性价比优势转变，增强了企业的长期竞争力。

### （二）效率分析

1. 生产效率和产能的提高

新凯盛通过建设新厂、引进新设备等措施，提升了生产效率和产能。新厂的落成标志着新凯盛驶入了发展的快车道，客户对其评价很高。

2. 市场份额的扩大

新凯盛的销售额不断上升，市场份额在欧美、日本、东南亚等国家和地区逐年增长，显示出其数字化转型在市场拓展方面的积极效果。

3. 运营效率的提升

数字化转型通过自动化和智能化手段，减轻了工人的劳动强度，提高了工厂的生产效率。同时，新凯盛还通过技术创新和市场信息优势快速响应客户需求，保证了企业的市场占有率稳中有升。

## 六、案例小结

新凯盛已经成长为一家技术领先的大型服装企业，拥有1400多名员工、3个生产工厂，主要生产针织面料和成衣，针织面料年产量高达1万吨，成衣年产量为300万套，成功打入欧美和东南亚市场，并获得了国际环保质量认证。面对招工难、接班人难选、品牌创建及产业转移难等挑战，新凯盛制定了一系列策略，包括拓宽市场、实施名牌战略、走品牌经营之路，同时考虑在海外建厂以降低成本，并逐步从OEM模式转向ODM

模式，以应对中国服装行业未来深层次的竞争。

奚炳华认为，战略转型是企业发展的必然选择，只有不断完善组织结构、改善经营策略并持续创新，才能促进企业永续发展。此外，新凯盛注重数字化转型，旨在解决供需不平衡、生产协同低效等问题，通过引入ERP系统和提高生产自动化水平，有效提升了企业的管理水平和市场竞争力。

经过数十年的发展，新凯盛成功地从一家小作坊发展为行业内的佼佼者，其产品不仅受到国内外客户的认可，还成为众多知名国际品牌的指定供应商。通过不断探索和实践，新凯盛展现了中国企业在全球竞争中的韧性和创新能力。

## 七、案例思考

（1）新凯盛采取的哪些策略有效地解决了其面临的挑战？如何评价这些策略的长期可行性？

（2）你认为新凯盛在转型过程中应采取哪些关键措施促进其可持续发展？

（3）你认为未来新凯盛在技术创新方面还有哪些潜在的发展机会？

（4）你认为新凯盛从OEM模式向ODM模式转变对企业的品牌建设和市场竞争力有什么影响？

（5）新凯盛计划在海外建厂以降低成本，你认为这个决策将会如何影响公司的全球布局和国际竞争力？

# 第十一章 布衣部落 11

## 未来的数字化转型之路

以往传统服装企业的大批量、同质化和价格低廉的生产模式已经不能满足目前的市场需求，现在小批量、高品质、个性化和定制化的模式更受客户青睐，布衣部落也正在探索数字化转型的道路。

——布衣部落创始人　孙宝马

- 布衣部落
  - 战略定位与优势
    - 战略定位
      - 目标客户群体：50岁以上中老年女性，后拓展至30岁以上女性
      - 产品与服务：个性化女装，提供以客户需求为中心的定制服务
    - 优势
      - 企业规模与生产能力：常熟地区规模较大，拥有完整的生产部门
      - 柔性化生产能力：多频次、小批量补货，满足个性化需求
      - 市场敏感度与响应能力：与常熟理工学院合作，引入新设计理念和技术
      - 数字化转型与创新：探索新生产模式和营销途径，提升竞争力和影响力
  - 数字化转型实践
    - 数字化技术助力柔性化生产：收集销售数据，精确评估产量，快速调整生产计划
    - 以客户需求为中心的个性化定制：基于大数据分析设计服装，接受个性化小规模订单
    - 校企合作实现互利双赢：资源共享，提升直播效果，提供实践机会
    - 严格把控产品和服务质量：注重质量检测和客户反馈，提升客户满意度和品牌忠诚度
  - 基于RBV理论的分析
    - 资源状况
      - 人力资源：经验丰富的裁缝团队，实现柔性化生产
      - 市场资源：长期深耕中年女装领域，积累客户资源和渠道资源
    - 能力状况
      - 创新能力：持续投入研发，每月推出大量新品
      - 敏捷能力：敏锐感知市场变化和客户需求，迅速调整策略
      - 运作能力：高效执行生产运作和市场运作
    - 从资源到能力的转化
      - 利用人力资源和市场资源，构建创新能力、敏捷能力和运作能力
      - 通过校企合作，提升设计、技术和数字化营销能力
  - 数字化转型效果
    - 效益
      - 实现快速、灵活的市场响应，满足客户需求
      - 扩大受众范围，创造满意绩效
      - 实现从高成本定制向低成本大范围定制的转型
    - 效率
      - 每月销售量达1000多万元，年营业额过亿元
      - 降低供应链成本，提高整体运营效率
      - 提升市场响应速度和顾客满意度，改进生产过程

布衣部落是一家专注于中年女装的服饰公司，面对市场需求快速变化的挑战，开始探索数字化转型之路。通过校企合作、扩大生产规模、柔性化生产及直播带货等策略，布衣部落成功提升了市场响应速度和顾客满意度。布衣部落成功转型的关键在于明确的企业目标、针对性较强的数字化升级路径。这不仅为布衣部落带来了发展的新机遇，也为传统服装产业的数字化转型提供了宝贵的经验。

## 一、案例背景

布衣部落坐落于“中国十大服装专业市场”榜首城市——常熟，占地5000多平方米，拥有固定职员200多人，同时雇用多家加工厂。旗下产品占领网商中年女装市场制高点，年营业额约1.3亿元，为各大网商平台提供样衣与成衣产品。

布衣部落成立于2007年，在苏州常熟建立了服装工厂。2015年，布衣部落创始人成立服装设计工作室，在设计中强调兼容并蓄、博采众长的虚怀纳百川之风范，将西方之媚与东方之柔完美合璧，形成独特的风格，被业内所熟知。同年，布衣部落与常熟理工学院开展校企合作，成立隐颜女装设计研究院，与高校师生一起开展课题研究，还参加比赛，同时为参赛学生提供所需的面辅料以及制作场地。2020年，布衣部落再次扩大规模，开启与抖音网红合作的新模式，直接与客户近距离地交易，减少了供应链成本，提高了效益，实现了从线下供应商经营模式向C2B模式转型，最终呈现出从生产规模优势到“设计+生产+新媒体品牌营销”组合能力优势的升级。

## 二、战略定位与优势

### （一）战略定位

1. 目标客户群体

布衣部落最初的目标客户群体主要是50岁以上的中老年女性。然而，随着对销量数据的监测与分析，布衣部落发现消费者需求有年轻化的趋势，因此，将目标客户群体拓展到年轻女性群体，特别是30岁左右的女性。

2. 产品与服务

布衣部落致力提供能够满足目标客户群体需求的个性化女装。通过数字化转型，布衣部落将提供以客户需求为中心的定制服务，更好地响应市场，满足客户的个性化需求。

### （二）优势

1. 企业规模与生产能力

布衣部落在常熟地区的中老年女装市场上规模最大，占地面积最广，拥有生产车间、裁剪部门等一系列较为完整的生产部门，可独立完成成衣制作。此外，布衣部落拥有很多经验丰富的裁缝，他们既可以做整件成衣，也可以参与部分工序，这为布衣部落的柔性化生产打下了坚实的基础。

2. 柔性化生产能力

布衣部落具备大规模服装生产与交付的能力，同时，能根据市场需求及时调整生产策略，实现多频次、小批量的补货生产，有效避免库存积压。此外，布衣部落提出“构建柔性供应链”，自己创办加工厂，以期更好地满足客户的个性化需求。

3. 市场敏感度与响应能力

布衣部落对市场需求和消费者趋势保持高度敏感，能够快速响应市场变化，调整产品设计和生产策略。通过与常熟理工学院合作，布衣部落不断引入新的设计理念和技术，提升产品的创新能力和市场竞争力。

4. 数字化转型与创新

面对日益激烈的市场竞争和消费者需求的不断变化，布衣部落积极推进数字化转型，探索新的生产模式和营销途径。通过引入数字化技术，布衣部落实现了生产过程的智能化、自动化和柔性化，提升了生产效率和产品质量。布衣部落还积极探索新的营销途径，利用新媒体平台拓展线上市场，提升品牌知名度和影响力。

综上所述，布衣部落通过明确的战略定位和自身优势的发挥，不断提升企业的市场竞争力和持续发展能力。

## 三、数字化转型实践

### （一）数字化技术助力柔性化生产

布衣部落利用数字化技术，通过收集客户的销售数据和反馈信息，精确评估服装产量，并组织生产。当市场需求激增时，工厂能够快速调整生产计划，多频次、小批量地进行补货生产，有效避免了库存积压。这种生产方式极大地提升了市场响应速度，满足了客户对个性化和定制化产品的需求。

### （二）以客户需求为中心的个性化定制

在数字化转型的过程中，布衣部落注重客户需求，基于大数据分析洞察时尚趋势，提前设计出符合客户个性化需求的服装。同时，布衣部落接受大量个性化小规模的订单，能够更加迅速和灵活地响应市场变化。

### （三）校企合作实现互利双赢

布衣部落通过与高校合作，实现了资源共享和优势互补。高校提供了专业的直播团队和相关培训，提升了直播效果；而布衣部落则提供了丰富的产品和专业的生产经验，确保了产品质量。双方的合作不仅提升了品牌的知名度，也为高校学生的实践提供了机会，实现了互利共赢。

布衣部落与高校合作，在抖音等平台进行自产自销，实现了品牌与市场的有效连接。同时，高校学生通过参与平台直播，将所学理论知识应用于实践，提升了自身的能力和价值。

### （四）严格把控产品和服务质量

布衣部落深知产品和服务质量的重要性，因此在数字化转型的过程中始终注重对质量的把控，通过严格的质量检测和客户反馈机制，确保了产品和服务的品质。同时，布衣部落还通过抖音等新媒体平台，积极与客户互动，提升了客户满意度和品牌忠诚度。

布衣部落的带货口碑分一直保持在 4.99 分的高水平，远高于其他企业。

## 四、基于 RBV 理论的分析

在当今这个数字化浪潮席卷全球的时代，许多传统企业正面临着转型升级的重大挑战。布衣部落作为一家在中年女装领域深耕多年的企业，也不例外。我们可以借助 RBV 理论来揭示布衣部落转型成功的关键要素。RBV 理论强调，企业内部的资源和能力是构成企业竞争优势的源泉。在布衣部落的案例中，我们看到了几种关键资源的运用和能力的构建，这些正是促使其数字化转型成功的关键因素。

布衣部落的人力资源是其转型成功的重要基石。拥有一支经验丰富的裁缝团队，使布衣部落能够灵活应对市场需求，实现从大规模生产到小单快反的柔性化生产的转变。这种快速响应市场变化的能力，不仅满足了客户对个性化、定制化产品的需求，也为布衣部落赢得了市场竞争的先机。

布衣部落的市场资源是其转型成功的另一大助力。通过长期深耕中年女装领域，布衣部落积累了丰富的客户资源和渠道资源。这些资源为布衣部落的数字化转型提供了有力的市场支撑。通过与电商平台、社交媒体等数字化渠道的深度融合，布衣部落成功提高了品牌曝光度，吸引了更多潜在客户，进一步提升了市场竞争力。

在能力构建方面，布衣部落展现出了强大的创新能力、敏捷能力和运作能力。通过持续投入研发，布衣部落每月都能推出大量新品，满足了客户对时尚、个性化的追求。同时，布衣部落对市场变化和客户需求的敏锐感知能力，使其能够迅速调整生产策略和市场策略，保持市场领先地位。此外，布衣部落在生产运作和市场运作方面的高效执行能力，也为其数字化转型提供了有力保障。

值得一提的是，布衣部落在校企合作方面的探索和实践。通过与高校合作，布衣部落不仅获得了专业的设计支持和技术支持，还成功培养了一批具备数字化营销能力的专业人才。这种校企合作模式不仅提升了布衣部落自身的竞争力，也为整个服装行业的数字化转型提供了有益借鉴。

综上所述，布衣部落通过充分利用自身的人力资源、市场资源，构建强大的创新能力、敏捷能力和运作能力，以及校企合作模式不断提升自身竞争力，成功实现了数字化转型。这一案例充分展现了 RBV 理论在指导传统企业转型升级过程中的重要作用。

## 五、数字化转型效果

布衣部落的数字化转型在效益和效率两个方面均取得了显著成效。

### （一）效益分析

布衣部落通过数字化转型，实现了更加快速、灵活的市场响应。实施数字化转型前，布衣部落主要通过规模化生产提供低成本的便宜货；实施数字化转型后，布衣部落可以在成本不增加的前提下，提供满足个性化需求的定制产品。

数字化转型进一步扩大了布衣部落的受众范围，更好地满足了客户需求，创造了属于数字化布衣部落的突出业绩。

数字化转型帮助布衣部落实现了从规模经济向范围经济的转型，这是一个重要的市场策略调整。

### （二）效率分析

自2020年底起，布衣部落每月的销售额达到1000多万元，年营业额过亿元，显示出数字化转型在促进销售方面的明显效果。

数字化转型降低了供应链成本，提高了整体运营效率。通过与高校合作、直播带货等多种策略，布衣部落有效提升了市场响应速度和顾客满意度。

布衣部落的数字化转型实践，包括利用数字技术及柔性化生产手段改进生产过程、以客户需求为中心提供个性化定制服务等，极大地提升了企业的运营效率。

总体来说，布衣部落的数字化转型成功实现了从传统生产模式向数字化、个性化定制服务的转型。

## 六、案例小结

在个性化和高品质需求不断增加的时代，传统的生产模式显然已经难以满足当下的市场需求。为了应对这一挑战，布衣部落开始探索数字化转型之路，实现了小批量生产，可为客户提供定制化服务，通过数字技术和新媒体的应用，加大了品牌的市场营销力度。

布衣部落采取校企合作、扩大生产规模、柔性化生产、直播带货等多种策略，成功地提升了市场响应速度和顾客满意度。其中，数字化转型实践主要包括利用数字技术以及柔性化生产手段改进生产过程、以客户需求为中心提供个性化定制服务、与本地加工厂联合以提升生产能力，同时与高校深入合作共同培养专业人才，实现了企业与教育机构的互利共赢。

布衣部落的实践清晰地展示了其明确的企业目标和针对性较强的数字化转型路径。作为常熟服装产业的代表性企业，布衣部落的成功不仅是其自身转型升级的成功，也为其他传统企业指明了在新旧动能转换过程中有效进行数字化升级的可行之路。

“服装之乡，衣被天下”的常熟，拥有全国规模最大的服装专业流通市场——常熟服装城，其服装产业集群不仅具有深厚的历史底蕴，也是华东区域产业供应链的中心。在国民经济和社会高质量发展的新时代，常熟服装产业正处于新旧动能转换的关键期，迫切需要通过转型升级适应市场的新需求，释放数字经济的新活力。布衣部落就是在这样的大背景下，通过主动探索和实践数字化转型，最终成功释放出新的经济活力的典范，为常熟乃至更广泛地区的服装产业转型提供了宝贵的经验。

## 七、案例思考

（1）布衣部落在数字化转型过程中遇到的最大挑战是什么？它是如何克服这些挑战的？

（2）描述柔性化生产在布衣部落数字化转型中的作用，并探讨这种生产方式如何满足市场对个性化产品的需求。

（3）校企合作在布衣部落的数字化转型战略中扮演着怎样的角色？合作的双方各自在哪些方面受益了？

（4）在布衣部落的案例中，如何评价直播带货在提升品牌知名度和增加销售额方面的作用？

（5）未来布衣部落可能面临哪些新的挑战，它可以采取哪些措施来应对这些挑战并持续促进其数字化转型？

# 第十二章 12

# 同昌服装

## 实现全面数字化管理

未来希望 YonSuite 财务业务的一体化管控系统能在物资采购、成品装箱、产量统计、经销商及门店营销方面进一步加强，帮助公司实现全面数字化管理。

——同昌服装董事长　李英子

- 同昌服装
  - 战略定位与优势
    - 战略定位
      - 实现全面数字化管理
      - 提升生产效率和产品创新能力
      - 巩固和扩大市场份额
    - 优势
      - 劳动力稳定性强
      - 自有设计团队
      - 国际业务潜力
      - 数字化转型机遇
  - 数字化转型实践
    - 初始觉醒
      - 审视自身优势与存在的问题
    - 探索前行
      - 学习和培训，引进技术和人才
      - 尝试将数字技术运用到设计中
      - 与电商平台和数字化解决方案供应商合作
    - 实施与优化
      - 涉足电商领域、提升员工技能
      - 建立数字化货物中转体系
      - 实现全流程数字化管理
  - 基于RBV理论的分析
    - 资源状况
      - 劳动力稳定性
      - 完整的设计团队
      - 国际经验和资源
    - 能力状况
      - 生产计划、设计、生产和市场营销能力
    - 资源到能力的转化路径
      - 利用稳定劳动力和设计团队资源，提升设计和生产能力
      - 通过数字化转型，培育新的资源和能力
      - 不断挖掘与培育新的资源和能力，以应对市场变化和挑战
  - 数字化转型效果
    - 效益
      - 提高了生产效率
      - 增强了市场竞争力
      - 扩大了市场份额
    - 效率
      - 优化了供应链管理
      - 提升了设计效率
      - 降低了生产成本

常熟市同昌服装有限公司（以下简称“同昌服装”）是一家集设计、生产于一体的儿童羽绒服制造公司，迫切需要进行数字化转型。同昌服装拥有稳定的劳动力资源、专业的设计团队和国际业务潜力，为数字化转型奠定了坚实的基础。同时，同昌服装也面临数字化转型经验不足、小批量生产能力不足、产量预估能力待提升等问题。为此，我们提出学习转型经验、利用数字技术助力设计、培育小批量生产能力等建议，旨在通过数字化转型提升同昌服装的市场竞争力。

## 一、案例背景

我国“十四五”规划明确提出：“要加快数字化发展，建设数字中国。”在数字化浪潮下，技术变革驱动企业创新，无论是传统的大型企业还是中小型企业，都需要通过数字化转型探索企业未来发展的新道路，探寻适合自身的商业模式。2020 年初，新冠疫情暴发，对全球服装市场造成了猛烈冲击，服装生产企业的竞争压力显著增大，推动了服装制造业的数字化进程。

同昌服装生产基地占地面积 30 余亩，拥有员工 2000 余名，年产能可达 300 万件。

同昌服装在国内主要立足于常熟和延吉两座城市，现有生产线已经全部转移至延吉，延吉相对稳定的劳动力可以保障纺织企业发展必需的生产力，常熟目前的工作主要是物流中转和公司运营。同昌服装在美国和韩国均设有分公司。美国分公司主要负责对接外贸客户，与欧美、韩国、德国等国家（地区）均有业务往来；韩国分公司是同昌服装自有的设计团队。

## 二、战略定位与优势

### （一）战略定位

同昌服装的战略定位是通过数字化转型，实现全面数字化管理，提升生产效率和产品创新能力，进一步巩固和扩大市场份额。同昌服装致力通过引入先进的技术和管理模式，优化供应链、生产流程和市场营销，以满足日益增长的市场需求，并为客户提供更优质、个性化的产品和服务。

### （二）优势

1. 劳动力稳定性强

同昌服装将生产基地转移至延吉，利用延吉地区相对稳定的劳动力资源，有效保障了公司的生产力和产品质量。

2. 自有设计团队

同昌服装在韩国设有设计分公司，拥有专业的设计团队，能够紧跟市场趋势，快速响应客户需求，设计出符合用户需求的时尚产品。

3. 国际业务潜力

同昌服装在美国设有外贸分公司，积累了丰富的外贸经验和资源，为其国际化发展提供了有力支持。同昌服装产品的出口能力，以及在国际市场的品牌影响力，进一步提高了其市场竞争力。

4. 数字化转型机遇

面对数字化浪潮的挑战，同昌服装积极拥抱变化，将数字化转型作为未来发展的关键战略。通过引入数字化技术和管理模式，同昌服装的生产运营和市场响应能力均有望登上新台阶。

综上所述，同昌服装凭借其劳动力的稳定性、自有设计团队、国际业务潜力和数字化转型机遇等优势，通过持续推进数字化转型和创新升级，有望在儿童羽绒服制造领域取得更加辉煌的成就。

## 三、数字化转型实践

在数字化浪潮的推动下，同昌服装积极响应国家“十四五”规划对数字化发展的要求，开始了数字化转型的征程。

### （一）初始觉醒

同昌服装意识到数字化转型的迫切性，开始审视自身的优势和存在的问题。同昌服装的优势包括稳定的劳动力、专业的设计团队和跨国经营的基础，存在的问题则集中在缺乏数字化转型经验、小批量生产和柔性化生产能力不足等方面。

### （二）探索前行

在明确了问题和目标之后，同昌服装开始了数字化转型的探索。通过学习和培训，引进技术和人才，同昌服装逐渐积累起数字化转型的相关经验。此外，同昌服装尝试将数字技术运用到设计中，提升产量预估能力，并与电商平台和数字化解决方案供应商建立合作关系。

### （三）实施与优化

在实施阶段，同昌服装采取了多项措施，包括涉足电商领域、提升员工技能、建立数字化货物中转体系等。通过不断尝试和优化，同昌服装逐步实现了生产、销售等全流程的数字化管理，提高了生产效率和市场竞争力。

## 四、基于 RBV 理论的分析

### （一）资源状况

同昌服装在资源方面拥有显著的竞争优势。首先，位于延吉的生产基地确保了劳动力的稳定性，这是纺织业发展的基石。其次，韩国分公司拥有完整的设计团队，能够及时获知并满足用户需求，使其产品具有独特的设计优势。此外，同昌服装在美国的外贸分公司还为其积累了宝贵的国际经验和资源。

### （二）能力状况

同昌服装的能力体现在生产计划、设计、生产和市场营销等多个方面。同昌服装能够根据全国订货会情况合理安排生产计划，自有的设计团队确保了产品的独特性和市场竞争力，而庞大的生产队伍则保证了产品的高效生产。同时，同昌服装通过线上、线下销售渠道，实现了产品的广泛覆盖。

### （三）结果分析

同昌服装的上述资源和能力共同作用于企业，带来了显著的业绩提升。同昌服装年产能可达300万件，不仅拥有自己的服装品牌，还能代工，覆盖全国各个省份的代理商，并通过线上渠道销售产品。这些成果充分体现了同昌服装对自身资源和能力的成功运用。

### （四）数字化转型策略

面对数字化转型的迫切需求，同昌服装提出了一系列策略，包括学习数字化转型经验、运用数字技术助力服装设计、培育小批量生产能力、提升产量预估能力、步入线上 B2C 领域、提升员工业务技能以及建立数字化货物中转体系等。这些策略旨在进一步提升同昌服装的资源和能力，以满足数字化时代的需求。

基于 RBV 理论的分析我们可以看到，同昌服装在数字化转型过程中，充分利用其独特的资源和能力优势，通过一系列策略的实施，提升了市场竞争力和市场地位。然而，数字化转型也带来了新的挑战，如数字化知识和经验的不足、小批量生产能力不足等。同昌服装需要继续深化数字化转型，不断挖掘与培育新的资源和能力，以应对未来市场的变化。

## 五、数字化转型效果

同昌服装的数字化转型在效益和效率两个方面均取得了显著成效。

### （一）效益分析

1. 提高了生产效率

同昌服装通过将生产线转移至延吉，有效保障了纺织企业必需的生产力。数字技术的应用进一步提高了生产过程的自动化和智能化水平，从而提高了生产效率。

2. 增强了市场竞争力

同昌服装凭借数字化转型，成功应对后疫情时代服装制造业竞争态势的加剧，将新技术应用到服装生产的全过程，从而在市场上赢得了竞争优势。

3. 扩大了市场份额

通过数字化转型，同昌服装更好地抓住了新兴市场的机遇，拓展了线上销售渠道，进一步扩大了市场份额。

### （二）效率分析

1. 优化了供应链管理

数字化转型使同昌服装建立了数字化的原材料和产品调配系统，能够结合物流公司运力情况进行系统的运输计划安排，减少了物流中转的往复成本，提升了企业的运作效率。

2. 提升了设计效率

通过数字技术助力服装设计——同昌服装利用 3D 建模、仿真技术和人工智能等新兴技术辅助设计工作，使设计过程更加高效、精准。

3. 降低了生产成本

虽然延吉地区的物流成本相对较高，但数字化转型通过提高生产效率和优化供应链管理，有效降低了同昌服装的综合生产成本。

## 六、案例小结

随着“十四五”规划的提出，以及外部环境的变化，同昌服装面临着数字化转型的迫切需求。通过研究同昌服装的转型过程，我们发现其在劳动力稳定性、自有设计团队构建以及国际业务扩展方面具有明显优势。然而，同昌服装在数字化转型方面还存在一系列问题，如缺乏数字化知识与经验、小批量生产能力不足、预估产量能力有待提升、缺乏电商业务经验、员工技术技能有待提高以及生产与物流成本较高等。针对这些问题，同昌服装可以从多个角度进行改进，包括学习数字化转型经验、利用数字技术助力服装设计、建立产业生态链、运用数字技术进行产量预估、拓展线上 B2C 领域、提升员工业务技能以及建立数字化货物中转体系等。

## 七、案例思考

（1）同昌服装在进行数字化转型时可能遇到哪些挑战？你认为同昌服装应该如何克服这些挑战？

（2）如何评价同昌服装的自有设计团队在数字化转型过程中的作用？是否有其他方式可以进一步提高设计效率？

（3）与有小批量生产能力的工厂建立产业生态链的做法可能面临哪些困难？如何解决这些困难以实现柔性化生产与供给？

（4）在电商领域，同昌服装应如何有效利用现有资源和优势来提高自身的市场竞争力？

（5）在建立数字化货物中转体系的过程中，同昌服装应如何平衡成本和效率，以提高整体供应链的运作效率？

# 第十三章 13
# 龙剪风

## 谱时代潮流，剪古今风尚，成一家之功

用创新的中国风，演绎颇具中国腔调的男装设计风格。

——中国十佳时装设计师、龙剪风服装设计工作室总经理　刘江宏

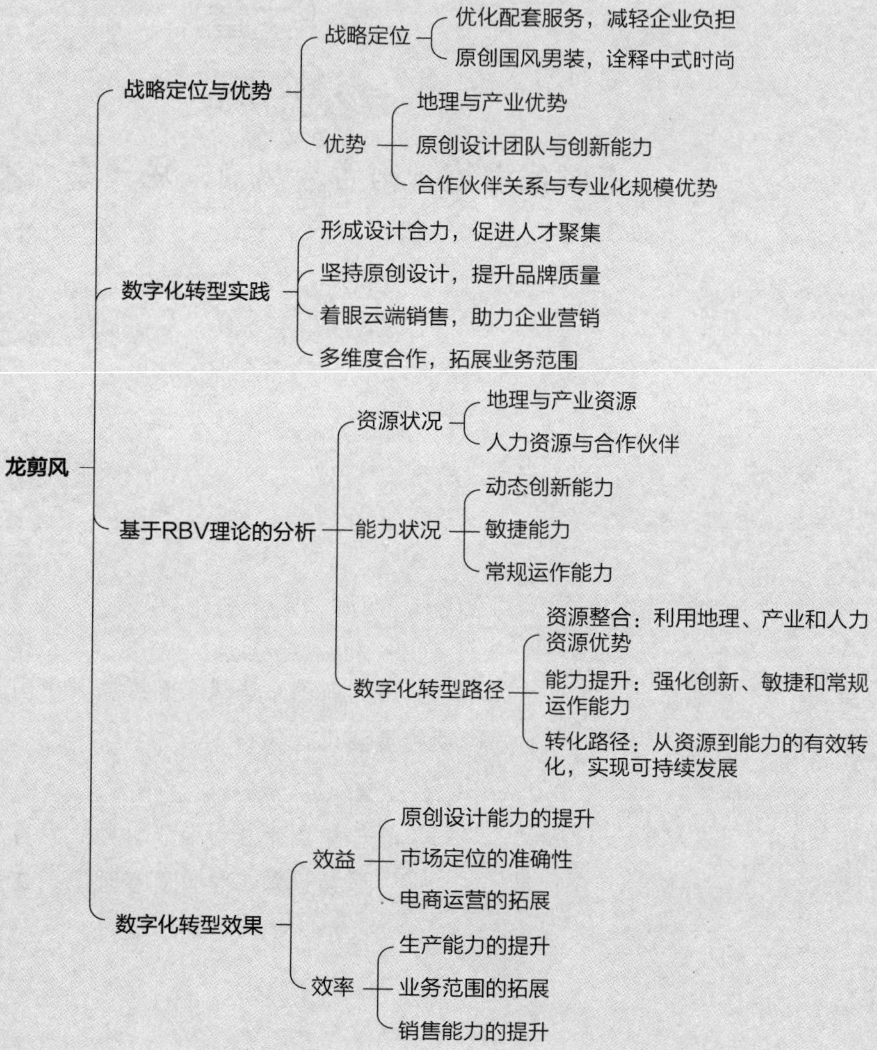
龙剪风
战略定位与优势
战略定位
优化配套服务，减轻企业负担
原创国风男装，诠释中式时尚
优势
地理与产业优势
原创设计团队与创新能力
合作伙伴关系与专业化规模优势
数字化转型实践
形成设计合力，促进人才聚集
坚持原创设计，提升品牌质量
着眼云端销售，助力企业营销
多维度合作，拓展业务范围
基于RBV理论的分析
资源状况
地理与产业资源
人力资源与合作伙伴
能力状况
动态创新能力
敏捷能力
常规运作能力
数字化转型路径
资源整合：利用地理、产业和人力资源优势
能力提升：强化创新、敏捷和常规运作能力
转化路径：从资源到能力的有效转化，实现可持续发展
数字化转型效果
效益
原创设计能力的提升
市场定位的准确性
电商运营的拓展
效率
生产能力的提升
业务范围的拓展
销售能力的提升

龙剪风服装设计工作室（以下简称“龙剪风”），是一家根植于常熟、专注于中国风男装设计的服装工作室，成功借助数字化转型，实现了品牌的快速成长。面对常熟市纺织服装产业从“制造”向“创造”的转型挑战，龙剪风利用地理和产业优势优化服务，专注原创设计，形成了独特的品牌定位。通过人才聚集，创新面料、板型和图案工艺，龙剪风在云端销售方面积极探索，成功拓展了线上市场。龙剪风的成功不仅体现了其对原创设计的坚持，还展现了其对互联网营销模式的敏锐洞察和积极应用。龙剪风是常熟服装产业中一颗璀璨的明星。

## 一、案例背景

常熟纺织服装产业历史悠久，名扬四海，素有“时尚常熟·衣被天下”的美誉。在这里，中国古典时尚元素和新时代的设计理念不断碰撞，厚重的美学理念与数字化的转型升级彼此依托，打造了一批世界一流的知名品牌。常熟服装城在以消费升级引领服装市场不断改变和提升的浪潮中，并没有跟上从“服饰制造”向“时尚创造”转型的步伐，逐渐成为品牌代工基地。

如何重塑在全国服装产业的历史地位，成为摆在常熟面前的现实问题。常熟市副市长万晓军曾指出，破解之道在于“常熟充分发挥‘千亿产业和千亿市场’的基础优势，在设计端、生产端和营销端持续发力，为纺织服装产业转型升级和时尚产业的发展探索出一条路径”。聚焦设计端，就要与传统文化相结合，走特色化、差异化的发展道路。而这一点，与龙剪风总经理兼设计师刘江宏的想法不谋而合。

“用创新的中国风，演绎颇具中国腔调的男装设计风格”是刘江宏一直以来的追求。龙剪风致力为男装品牌量体开发独具特色的系列产品，因此需要对各个品牌的市场定位、消费市场变化有敏锐的洞察。选择常熟，正是龙剪风进一步数字化转型、优化升级的重要举措。

## 二、战略定位与优势

### （一）战略定位

龙剪风作为设计师工作室，敏锐地捕捉到市场动向和产业转移趋势，致力品牌转移。其战略定位明确，即充分利用常熟在地理、面料开发、交通及政策等方面的优势，营造良好的服装设计氛围，打造中国风原创设计师品牌。

### （二）优势

1. 地理及政策优势

常熟具有鲜明的地理优势，周边的面料开发区能够为服装行业提供配套支持。同时，高铁连接北京、上海等高端市场，确保信息高速流通，为企业发展提供了良好的外部环境。常熟的一系列配套优惠政策，为像龙剪风这样的设计师品牌提供了具体可行的方案，解决了企业的场地问题，有力地减轻了企业负担。

2. 品牌定位优势

龙剪风目前以男装设计为主，将中国优秀传统文化与时代元素相结合，在面料、板型及图案工艺细节上不断创新突破，力求打造更舒适、更有文化内涵、独树一帜的中国风原创设计师品牌。龙剪风以“剪出”古今风尚，发扬中华文化瑰宝为目标，将“江南红袖”“荷塘映月”等唯美的中国古典意象融入设计，赋予男装古典品质和民族底蕴。

## 三、数字化转型实践

### （一）形成设计合力，促进人才聚集

龙剪风虽然是原创设计师品牌，但其设计理念是“服装设计不是每个

品牌单打独斗的战场，而是通过人才聚集的形式产生具有当地特色的产业合力”。工作室成员的“抱团”是凝聚常熟设计力量的重要方式，也是常熟吸引全国订单的重要手段。龙剪风的服务范围辐射全国，服装设计产业的高质量聚集吸引客户不远千里而来，形成设计师得以生存的产业氛围，而这正是刘江宏长期以来坚信的发展之道。当然，地区的红利并不意味着经营个体的必然成功，龙剪风能在业内独树一帜，离不开多年来口碑的积累和实力的沉淀。

### （二）坚持原创设计，提升品牌质量

原创设计的道路是艰难的，需要设计师投入大量心血和时间，且不一定在短期内就有回报。刘江宏认为，虽然现在网络上充斥着廉价快消品，但未来人们对产品品质的追求会不断提高。低价简单的大单走量意味着舍弃创新，这对于市场的良性循环并无益处。当采用抖音带货等方式时，产品对消费者的第一眼吸引力格外重要。龙剪风团队的体量不过三四十人，但一年能创造七八千个款式，如何平衡设计师对创新的追求、生产成本以及产品的关系，是一个值得思考的问题。

### （三）着眼云端销售，助力企业营销

无论是淘宝的爆款营销，还是抖音卖货潮的到来，都表明电商是未来服装销售的必然趋势，未来发展的核心在云端而非线下。谁能打赢线上的数据战获得更多流量，谁就可以抢先一步占领市场。

品牌是企业占领市场的重要目标。一个企业做好品牌不仅需要产品质量，管理和运营也同样重要。常熟做得好的很多厂家，都有做代理商或者网上营销的经验，纯粹的设计师参与运营相较于很多营销出身的老板具有先天的专业和经验上的不足。龙剪风也进行过淘宝店铺的尝试，但由于缺乏引流措施，前期的百万元投入无法有效转化为客户数量。投入与产出的失衡导致刘江宏暂时放弃了淘宝店铺的运营，但失利并没有动摇他对于未来线上运营的判断，龙剪风仍然在摸索中前行。

人们网上购物的消费习惯从形成到巩固仅用了短短数年，消费方式的迅速变化对于前期未能及时“进场”的设计师工作室产生了巨大影响，正

如刘江宏所言，“我们做设计的，真的用心把产品做好，很多东西你要赶在前面的”。要在竞争激烈的电商市场寻求突破，除了对产品质量本身的把控外，还需要营销培训、地区扶持、管理系统引进等，未来的路很漫长。

**（四）多维度合作，拓展业务范围**

对龙剪风而言，服务、交流、营销成了设计之外的重要课题。除了品牌的自我建设，龙剪风还与海澜之家、雅鹿、红豆、波司登等国内知名服装品牌建立了不同程度的合作。在合作中，龙剪风曾创造过多款跑量爆款，也提供对第三方工厂的检测服务，还给线上的品牌电商提供样衣款式定制服务。但随着电商的崛起，龙剪风希望能进行除了单一打版之外更多方面的尝试与探索。

## 四、基于 RBV 理论的分析

基于 RBV 理论，我们对龙剪风数字化转型实践进行了深入解析，发现其在资源状况、能力状况等方面均展现出了显著的优势，这些优势促使龙剪风在激烈的市场竞争中脱颖而出。

**（一）资源状况**

龙剪风地处江苏常熟服装产业带，享有得天独厚的地理和产业优势。常熟地区悠久的纺织服装产业历史、产业集聚效应以及周边丰富的面料资源，为龙剪风提供了坚实的物质基础。同时，便捷的交通网络和高铁的发展，使龙剪风能够迅速链接北京、上海等高端市场，形成了产销互动的交通网。

在人力资源方面，龙剪风拥有一支高质量的原创设计团队，人数虽少，但设计产量很高，能够满足市场的广泛需求。此外，龙剪风还构建了多维度的合作伙伴关系，与海澜之家、雅鹿等国内知名服装品牌合作，打造销售爆款，形成了规模优势。

**（二）能力状况**

龙剪风在动态创新能力方面表现突出。通过加大研发经费和技术人员投入力度，龙剪风在面料、板型及图案工艺细节上不断创新突破，确保了产品的原创性和质量。龙剪风还积极探索新的销售模式，如电商平台销售等，拓展了市场覆盖范围。

在敏捷能力方面，龙剪风能够快速响应市场变化，通过数据分析及时调整产品策略和生产计划。龙剪风坚持原创设计，拒绝低端化同质路线，专注于高端国风男装定制赛道，展现了敏锐的市场洞察力和快速响应能力。

在常规运作能力方面，龙剪风注重设计、生产和市场三个方面的平衡发展。设计团队坚持原创，确保产品质量和独特性；生产部门进行定制生产，满足客户的个性化需求；市场部门则通过提高营销、运营、服务能力，加强品牌合作，扩大市场份额。

龙剪风的数字化转型实践为其他传统服装企业提供了宝贵的经验：在数字化转型过程中，企业应注重资源的有效整合和能力的全面提升，以实现可持续发展。

## 五、数字化转型效果

龙剪风的数字化转型效果主要体现在效益和效率两个方面。

### （一）效益分析

1. 原创设计能力的提升

龙剪风通过数字化转型，打造了核心设计师团队，拥有强大的原创设计能力和迅速的设计迭代能力。这使得龙剪风在服装行业陷入粗犷化、低端化发展的背景下，形成了强大的竞争力，能够满足目标客户的核心需求。

2. 市场定位的准确性

在数字化转型过程中，龙剪风明确了赛道，与其他服装品类进行有效区分，深耕细化品类，从而在市场竞争中占据有利地位。

3. 电商运营的拓展

龙剪风利用数字化转型的机会，进行电商运营的前期试水，并不断创新品牌合作的形式，弥补了设计师品牌的营销弱势，提升了品牌的市场影响力。

### （二）效率分析

1. 生产能力的提升

虽然龙剪风的核心团队规模不大，但数字化转型使其能够满足年上新量七八千款的需求，展现出超强的生产能力。

2. 业务范围的拓展

数字化转型之后，龙剪风与多个品牌进行垂直合作，不仅限于打版设计，还拓展了多项业务，实现了业务的多元化发展。

3. 销售能力的提升

数字化转型增强了龙剪风的销售能力以及消费者的黏性，为品牌的持续发展提供了有力保障。

## 六、案例小结

龙剪风的案例展现了一个以创新中国风男装设计为核心，在服装行业通过差异化发展成功立足的企业的发展历程。该企业位于常熟——一个以纺织和服装产业为重点，拥有丰富文化和技术背景的城市，正面临从传统制造到时尚创造的转型挑战。在这样的环境中，龙剪风的诞生及迅速成长基于以下关键因素：对原创国风男装设计的坚持，优化配套服务与地理位置优势，以及对互联网营销模式的积极探索。

通过强调原创设计，龙剪风在品牌知名度和市场影响力方面取得了显著的进步。同时，常熟市政府的支持和地区产业链的完善为龙剪风的发展创造了良好的外部条件。尽管线上营销面临挑战，但龙剪风通过不断尝试和探索，展示出对未来发展趋势的敏锐洞察力。

作为一个原创设计师品牌，龙剪风凭借其优质的设计师资源，聚焦国风男装，实现了高端定制与批量生产的结合，不仅为常熟服装产业设计端的转型升级提供了重要支持，也成为常熟标志性的企业之一，帮助常熟摆脱了仅是品牌代工基地的标签。借助常熟市数字化转型的机遇和产业集聚的优势，龙剪风完成了人才聚集和市场扩张，极大地降低了运营成本，同时开辟了与其他优质品牌合作的新途径，并探索出更多服务形式，努力在设计质量和销售量之间找到平衡。虽然电商运营方面还有改进空间，但在拥有明确的战略目标和营销结构不断优化的情况下，龙剪风未来发展潜力巨大。

## 七、案例思考

（1）龙剪风如何利用常熟地区的产业优势和政策支持实现自身的快速成长？

（2）在服装行业，原创设计相较于快消品牌面临哪些挑战和机遇？龙剪风是如何通过原创设计构建品牌差异化竞争优势的？

（3）电商平台和社交媒体营销对传统服装设计企业有哪些影响？具体而言，龙剪风在线上营销领域的尝试和面临的挑战反映了哪些行业趋势？

（4）常熟如何通过吸引和支持像龙剪风这样的设计师品牌，实现从传统制造向时尚创造的产业转型？

（5）传统文化和现代设计元素的结合对提升中国品牌在国内外市场的竞争力有何作用？龙剪风的经验对其他企业有哪些启示？

# 第十四章 14

# 鼎新印染

## “智改数转”的探索之路

在智能化建设中，我们要解决的是数字化生产的问题，即通过ERP系统将生产信息归集，从下单开始，备料、生产、销售、出运各环节以及能耗情况都在大屏上即时反映出来，这有利于生产的高效组织和调控。

——鼎新印染董事长　杨继烈

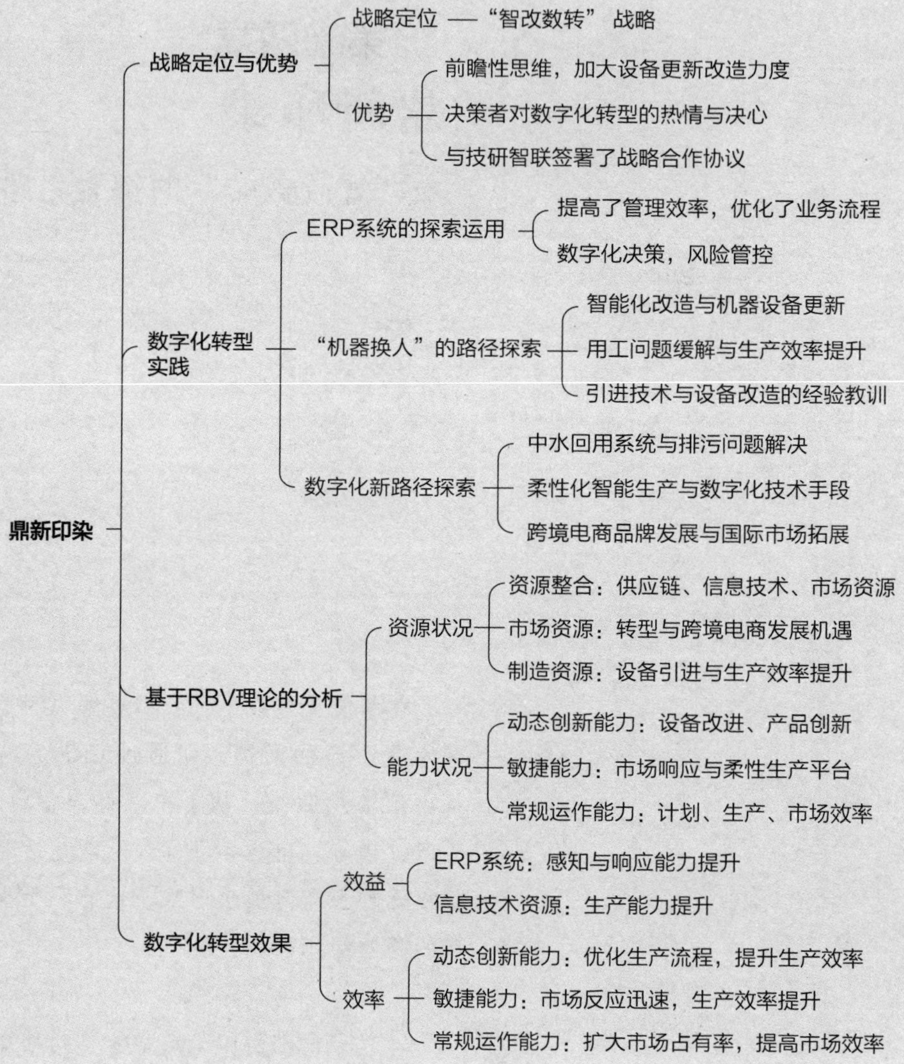
鼎新印染
战略定位与优势
战略定位 ——“智改数转”战略
优势
前瞻性思维，加大设备更新改造力度
决策者对数字化转型的热情与决心
与技研智联签署了战略合作协议
数字化转型实践
ERP系统的探索运用
提高了管理效率，优化了业务流程
数字化决策，风险管控
“机器换人”的路径探索
智能化改造与机器设备更新
用工问题缓解与生产效率提升
引进技术与设备改造的经验教训
数字化新路径探索
中水回用系统与排污问题解决
柔性化智能生产与数字化技术手段
跨境电商品牌发展与国际市场拓展
基于RBV理论的分析
资源状况
资源整合：供应链、信息技术、市场资源
市场资源：转型与跨境电商发展机遇
制造资源：设备引进与生产效率提升
能力状况
动态创新能力：设备改进、产品创新
敏捷能力：市场响应与柔性生产平台
常规运作能力：计划、生产、市场效率
数字化转型效果
效益
ERP系统：感知与响应能力提升
信息技术资源：生产能力提升
效率
动态创新能力：优化生产流程，提升生产效率
敏捷能力：市场反应迅速，生产效率提升
常规运作能力：扩大市场占有率，提高市场效率

江苏鼎新印染有限公司（以下简称“鼎新印染”）依托江苏省政府的扶持政策，实施“智改数转”战略：通过引入 ERP 系统，整合生产与销售数据，实现全过程监控与管理，提升管理效率；大力投入智能化改造，采用机器换人策略，缓解用工难题，提高生产效率与产品品质。此外，鼎新印染还在探索中水回用等数字化新路径，以减少排污，实现柔性化智能生产。

## 一、案例背景

2019 年底以来，数字化的发展达到了历史新高，也推动了服装行业的数字化进程。对服装行业来说，其业务范围与经营思路具有了更大的延展性。数字化不仅能帮助企业达到标准化，实现更高的效率，缩短研发设计与生产周期，还能帮助企业做出更好的决策，实现业务上的转型发展。

服装产业数字化转型也得到江苏省政府的高度重视，江苏省工业和信息化厅消费品处岳学峰在“2021 江苏纺织服装产业集群（园区）发展大会”上指出，“推动江苏纺织产业链高端化数字化需要加快技术改造升级，以信息化、智能化、网络化预测为主攻方向，推进产业加快技术改造升级，建设一批有示范带头作用的智能车间、智能工厂”。2021 年底，《江苏省制造业智能化改造和数字化转型三年行动计划（2022—2024 年）》出台，提出通过三年的努力，使江苏省制造业数字化、网络化、智能化水平显著提升。

鼎新印染创办于 1998 年，专业生产与销售各类针织面料，并承接来料印染和后整理加工，是一家功能性（运动）面料制造商。鼎新印染早期以做毛绒羊毛衫面料为主，2008 年以后转型做运动休闲面料，以外贸为主，给阿迪达斯、耐克等品牌供货，年营收规模过亿元。在智能化改造和数字化转型（“智改数转”）道路上，鼎新印染一直走在前沿，应用大数据、物联网等先进技术，运用 ERP 软件系统对企业数据进行整合，并不断引进先进设备对其进行更新改造，以提高企业管理和生产效率，降低运营成本，增加企业利润。

## 二、战略定位与优势

### （一）“智改数转”战略

近年来，常熟市坚持以“智改数转”为主攻方向，全力打造“苏州智造”新高地。鼎新印染勇立潮头，争当弄潮儿，以数据赋能企业高质量发展，不断推进公司数字化进程，坚守“智改数转”的战略定位不动摇。

### （二）优势

鼎新印染在“智改数转”方面具有前瞻性思维，早年就不断加大设备更新改造力度，努力实现智能制造。鼎新印染董事长杨继烈愿意接受新事物，尝试多种新式机器。即使在机器设备的更新改造方面花了不少“冤枉钱”，也没有浇灭他对数字化转型的热情与决心。

此外，鼎新印染和佛山技研智联科技有限公司（以下简称“技研智联”）签署了战略合作协议，技研智联将全力满足鼎新印染的个性化需求，全方位助力鼎新印染在研发、生产、管理、服务等企业数字化全过程中的智能转型，鼎新印染将在全产业链上实现智能制造。

## 三、数字化转型实践

### （一）ERP 系统的探索运用

随着经济的快速发展，生产制造企业竞争越发激烈，已经进入微利时代。为了获得及时、准确的数据，加强对成本的管控，鼎新印染几年前就引入 ERP 系统对日常生产制造进行管理。在鼎新印染的每台机器旁边，都放置着一个 ERP 信息采集终端，每一次的工艺流程都会被采集下来。在整合了生产与销售的数据之后，每笔订单都做到了有迹可循，提高了管理效率，优化了业务流程。

在这个过程中，鼎新印染有如下收获：由原先的“拍脑袋”决策逐渐走向数字化决策，提高了信息的对称性与及时性，使企业各环节的信息需求者能够及时掌握想要了解的信息。除此之外，鼎新印染在风险管控方面也做到了事前控制，实现了预算管理。

### （二）“机器换人”的路径探索

近年来，鼎新印染每年投入约千万元用于智能化改造和数字化转型，机器设备的年折旧额达到1000多万元，染色机做到5年换新机，月产能提升10%。工厂进行了“机器换人”后，一台机器运转原先需要3人，现在只需要1人，员工从原先的250多人缩减到了180人，自动化程度大大提高。直燃式定型机的引进不仅缓解了现在工厂普遍存在的用工难问题，而且提高了生产效率，产品品质也更加稳定。值得一提的是，2020年，中国针织工业协会派人专程去鼎新印染的工厂参观定型机的使用，鼎新印染的“机器换人”之举成为业内学习的典范。

鼎新印染在机器设备的更新改造方面也走过很多弯路。鼎新印染曾花大价钱购买了机器人装卸码垛机，但实际使用起来效率低下，并没有达到预期的效果。此外，早在2018年，鼎新印染便引进了带有以色列军工技术的自动验布机，想以此代替人工肉眼进行瑕疵检测，但是由于探头过于死板，最终还是需要进行人工检测。

引进先进技术和“机器换人”不是一项简单的工程，必须下定决心，虽然资金消耗巨大，但是未来的收益与投入成正比，因此要保持冷静的头脑，不能追风，盲目相信进口的一定比国产的好。企业家在考虑是否改革生产模式这个问题时应将眼光放长远，同时要进行实地调研，因地制宜，只有这样才能把握住机遇，在市场上站稳脚跟。

### （三）数字化新路径探索

由于受地理位置与所处环境影响，鼎新印染的排污指标远远低于其他同等程度的印染厂，这极大地限制了其产能的扩大。为了解决这个问题，鼎新印染一方面通过中水回用系统使原先1500吨的生产用水最终降到排污仅300吨；另一方面积极寻求数字化技术手段和信息化管理体系，希望逐步实现小批量、低成本的柔性化智能生产。在工厂里面解决自动化技术和智能技术的集成问题，以数据和智能提升生产过程是未来发展的重点方向。

此外，杨继烈董事长希望将鼎新印染发展为做单一品种的跨境电商品牌，借助网上平台让纺织产品“走出去”，进一步发扬国内纺织产业的优势。阳离子面料、提花面料、再生面料、功能性面料，四大系列的功能性高档休闲运动面料作为鼎新印染的主打产品备受好评，鼎新印染也成为耐克、阿迪达斯、哥伦比亚等国外众多著名运动品牌的指定面料供应商。

## 四、基于RBV理论的分析

在数字化浪潮的推动下，鼎新印染以其敏锐的商业洞察力和坚定的转型决心，踏上了数字化转型之路。鼎新印染是传统制造业转型升级的典范，其成功转型充分体现了RBV理论的精髓。

### （一）资源状况

1. 资源整合

鼎新印染在资源整合方面展现出了卓越的能力。它充分利用供应链资源，早年引入ERP软件系统，实现了生产销售数据的整合与实时监控，大大提高了信息的对称性和及时性。同时，鼎新印染紧跟数字化潮流，采用大数据、物联网等信息技术资源，为小批量、低成本的柔性化智能生产提供了有力支撑。

2. 市场资源

鼎新印染凭借敏锐的市场洞察力，从毛绒羊毛衫面料制造商成功转型为功能型面料制造商，专注于运动休闲面料的研发与生产。面对新冠疫情带来的全球消费趋势变化，鼎新印染抓住跨境电商的发展机遇，努力打造单一品种的跨境电商品牌，拓展国际市场。

3. 制造资源方面

鼎新印染通过引进直燃式定型机和中水回用系统，不仅解决了用工难和产能受限的问题，还提高了生产效率和资源利用效率，实现了绿色可持续发展。

### （二）能力状况

鼎新印染的能力状况同样令人瞩目。它具备强大的动态创新能力，通过内部设备改进和外部技术引入，不断推动产品创新和生产方式的革新。同时，鼎新印染展现出高度的敏捷性，能够迅速感知市场变化并做出响应。此外，鼎新印染在常规运作能力方面也表现出色，从计划到生产再到市场，每个环节都经过精心策划和高效执行。

总之，鼎新印染通过数字化转型实现了从传统制造到数字化智能制造的华丽转身。它的成功转型不仅得益于资源的有效整合和能力的全面提升，也离不开对市场的深刻洞察和对技术的持续创新。鼎新印染的案例为传统制造业的转型升级提供了宝贵的经验。

## 五、数字化转型效果

### （一）资源状况与效益

1.ERP 系统的引入

ERP 系统的整合运用显著提高了鼎新印染的感知与响应能力，使得公司能够实时掌握生产与销售数据，提高了信息的对称性与及时性，为数字化决策提供支持。

2. 信息技术资源的应用

鼎新印染通过大数据、物联网等信息技术资源，增强了公司的生产能力，使得小批量、低成本的柔性化智能生产成为可能，提高了生产效益。

### （二）能力状况与效率

1. 创新能力

鼎新印染通过引进新设备、提升产品品质以及研发中水回收系统等措施，展现了强大的动态创新能力，优化了生产流程，提高了生产效率。

2. 敏捷能力

鼎新印染对市场环境变化反应迅速，通过采用 ERP 系统、引进直燃式定型机等手段，积极拥抱数字化，建立了柔性生产平台，进一步提升了生产效率。

3. 常规运作能力

鼎新印染在计划、生产、市场等方面均表现出较强的常规运作能力，尤其在市场方面，通过为国际品牌代工和建立电商平台等方式，扩大了市场占有率，提高了市场效率。

综上所述，鼎新印染在数字化转型过程中通过整合供应链资源、信息技术资源以及市场资源，有效提升了动态创新能力、敏捷能力和常规运作能力，进而实现了效益和效率的显著提升。这一转型不仅使鼎新印染在服装制造行业占据领先地位，也为江苏乃至全国的服装产业转型升级提供了有力借鉴。

## 六、案例小结

鼎新印染作为一家专业生产与销售各类针织面料的制造商，在新冠疫情带来的挑战下，积极拥抱数字化，并走上了“智改数转”的探索之路。鼎新印染不仅在传统的生产和销售方面拥有丰富的经验，还在智能化改造和数字化转型方面走在行业前沿。通过引入先进的 ERP 系统整合企业数据、加大智能化设备投资力度、“机器换人”策略，鼎新印染积极探索数字化技术手段（如云计算、大数据、物联网等），不断优化业务流程。这些措施不仅响应了江苏省政府对制造业“智改数转”的三年行动计划，为公司高质量发展提供助力，也为中国制造业的转型升级和高质量发展提供了宝贵经验。

此外，鼎新印染全体员工的积极参与和对新技术的接受态度是其实现数字化转型的基础和关键。在鼎新印染，不仅管理者乐于进行数字化改革，员工也乐于学习新事物和接受新设备的更新换代。这种积极进取的态度，加上鼎新印染在智能化和数字化转型方面的稳步推进，不仅促进了企业自身的发展，也带动了江苏常熟等地区服装产业的升级改造。

在互联网和数字化转型的浪潮下，服装制造业必须重视使用新技术，努力推进产品创新，提高管理能力，从而赢得竞争优势。鼎新印染的做法是一个典型例证，充分展现了中国制造业企业通过智能化和数字化转型应对外部环境压力、寻求发展的勇气和决心，实现了企业资源的有效整合，提高了管理效率，降低了运营成本，在优化生产与销售流程的同时，也提高了客户满意度和市场竞争力。

## 七、案例思考

（1）鼎新印染如何有效结合 ERP 系统和智能化设备实现生产管理和运营流程的优化？

（2）“智改数转”战略在推动鼎新印染业务转型升级中起到了怎样的作用，又面临哪些挑战？

（3）鉴于鼎新印染在“机器换人”过程中遇到的效率和适应性方面的问题，企业应如何评估新技术的引进并制定相应的实施策略？

（4）在数字化转型的背景下，鼎新印染如何平衡生产效率提升和环境保护责任？

（5）结合创始人希望将鼎新印染发展为单一品种的跨境电商品牌，探讨鼎新印染如何利用数字化工具和平台进行市场扩展与品牌推广。

# 第十五章 15

# 凌迪科技

## 构建时尚产业链 3D 数字化服务平台

我们的软件是从产业里生长出来的。手握最好的技术，结合产业链优势，中国有机会做出全球最好的工业软件，掌握全球时尚的话语权。

——凌迪科技创始人　刘郴

- 凌迪科技
  - 战略定位与优势
    - 战略定位——通过技术创新推动时尚产业链的数字化转型
    - 优势
      - 数字化转型赋能：提升设计效率，降低物料浪费
      - 技术创新：3D模拟与仿真，智能核价与自动BOM系统
      - 产业可持续发展：环保、高效的时尚消费体验
  - 数字化转型实践
    - 数字化赋能时尚产业链：提供全链路数字化解决方案
    - 高效协作的在线生态：打破地域限制，提高工作效率
    - 技术创新引领行业变革：3D PDM系统实现规范化管理
    - 推动产业数字化升级：复制成功经验，促进产业链升级
  - 基于RBV理论的分析
    - 资源状况
      - 人力资源：王华民博士加盟带来前沿技术
      - 技术资源：Style3D软件，3D PDM系统
    - 能力状况
      - 创新能力：重塑设计流程，构建设计师在线生态
      - 敏捷能力：快速响应市场变化，降低库存风险
      - 常规运作能力：精准计划，高效设计、生产与市场运作
  - 数字化转型效果
    - 效益
      - 环境效益：降低物料费用，建设可持续的社会生态大环境
      - 行业效益：提高研发效率，保护原创设计知识产权
    - 效率
      - 研发效率：替代实物样衣，缩短设计周期
      - 运营效率：降本提效，缓解库存压力，提升抗风险能力

凌迪科技（Style3D）是一家专注于服装行业数字化转型的科技企业，凭借先进的 3D 数字服装模拟与仿真技术，为服装品牌商提供覆盖设计至生产的全链路数字化解决方案。凌迪科技自主研发的 Style3D 软件，通过构建虚拟样衣，显著提升了设计效率，减少了物料浪费，进而推动了环保且可持续的时尚产业发展。

## 一、案例背景

凌迪科技成立于 2015 年 11 月，总部位于浙江杭州。作为一家以技术驱动进行柔性快反供应链管理的时尚科技企业，其核心产品涵盖服装 3D 数字化建模软件、3D 数字化设计研发管理 SaaS 系统以及 3D 数字化服装供应链交易平台。凌迪科技植根于中国服装产业，针对制约行业效率的研发设计环节，为服装品牌商、ODM 商及面料商等提供从 3D 设计到快速改版、直连生产和在线展销的一体化服务，助力企业满足新时代的时尚消费需求。目前，凌迪科技已成功服务波司登、日播、七匹狼等众多知名服饰品牌。

## 二、战略定位与优势

凌迪科技的战略定位是通过技术创新推动时尚产业链的数字化转型。其优势主要体现在以下三个方面。

1. 数字化转型赋能

凭借 3D 数字化技术，凌迪科技为服装企业实现设计研发全流程的数字化提供了强大支持，显著提升了设计效率，降低了物料浪费。

2. 技术创新

凌迪科技不仅拥有成熟的 3D 数字服装模拟与仿真技术，还自主研发了智能核价和自动 BOM 系统，实现了设计与生产的无缝对接。此外，世界级计算机图形学专家王华民博士的加盟，增强了公司的技术实力。

3. 产业可持续发展

凌迪科技致力通过数字化技术推动整个服装产业的可持续发展，能够最大限度地减少资源浪费，为消费者提供环保、高效的时尚消费体验。

综上所述，凌迪科技以技术创新为驱动，通过全链路数字化解决方案赋能时尚产业链，助力企业实现数字化转型和可持续发展。凌迪科技独特的战略定位和显著的技术优势，使其在激烈的市场竞争中脱颖而出，成为引领时尚产业数字化转型的领军企业。

## 三、数字化转型实践

在大数据和人工智能迅猛发展的时代背景下，凌迪科技以其前瞻性的视角，积极拥抱数字化转型，为时尚产业链带来了巨大变革。

### （一）数字化赋能时尚产业链

通过 Style3D 平台，凌迪科技为服装企业提供了从设计到销售的全链路数字化解决方案，极大地提升了设计效率和样衣采用率。

### （二）高效协作的在线生态

Style3D 平台构建了一个在线协作生态，打破了地域限制，提高了工作效率，缩短了产品开发周期。

### （三）技术创新引领行业变革

凌迪科技自主研发的 3D PDM 系统实现了设计研发的规范化、部件化、数字化管理，为行业带来了更多可能性。

### （四）推动产业数字化升级

通过与常熟服装城的合作，凌迪科技将数字化转型的成功经验复制到更多地区和企业，促进了整个产业链的升级。

## 四、基于 RBV 理论的分析

### （一）资源状况

凌迪科技的核心资源包括人力资源和技术资源。

在人力资源方面，王华民博士的加盟为凌迪科技带来了前沿技术，而 Style3D 软件及 3D PDM 系统等技术资源则使凌迪科技具有了强大的市场竞争力。

在技术资源方面，凌迪科技自主研发的 Style3D 软件和 3D PDM 系统，为服装企业提供了从设计到生产的全链路数字化解决方案。Style3D 软件通过 3D 模型建立虚拟样衣，不仅提高了设计效率，还大幅降低了实体样衣的物料成本。而 3D PDM 系统则集设计、研发、生产、销售于一体，实现了设计研发的规范化、部件化、数字化管理。这些技术资源为凌迪科技在时尚产业的发展构筑了坚实的竞争壁垒。

### （二）能力状况

1. 创新能力

凌迪科技在技术创新、模式创新方面均表现出色，通过 3D 模型和智能系统重塑了设计流程，提高了工作效率。

在技术创新方面，凌迪科技通过 3D 模型建立虚拟样衣可无差别替代实物样衣，从三个方面重塑设计流程。首先，在设计过程中，服装企业可通过云端随时调用数以万计的板型模型、面料数据，设计方案以 3D 模式呈现，通过独有的物理属性模拟，呈现实体样衣的板型设计和面料质感。其次，在设计完成后，设计师和板型师可以就虚拟样衣进行在线沟通，板型、面料数据可以即时进行在线修改，跳过反复修改实体样衣环节。最后，全流程在线化让跨区域协作更加高效。对跨地区、跨国企业而言，可以节省样衣邮递时间，从而提升效率；对设计师而言，可以无限接近设计预期，实时查看款式效果，也可以激发设计灵感，在聚焦设计本身的同时，远程完成与团队的协作。

在模式创新维度，凌迪科技注重流程再造，并着力构建设计师在线生态。在流程再造方面，凌迪科技研发了智能核价和自动BOM系统，数字样衣附带的BOM数据可以直连智能制造工厂，设计完成即可投入生产。对于缺少供应链资源的中小服装企业，可以在设计完成后，交由与凌迪科技合作的生产企业完成订单的生产。

2. 敏捷能力

凌迪科技注重将感知和响应能力通过学习实践转化为通用规律。通过PDM/PLM系统，凌迪科技能够快速获得市场信息和消费者需求信息，进而进行精准的产品设计和研发。同时，凌迪科技打通了门店、电商平台的市场数据，通过智能化分析消费者习惯和市场需求，提高了企划精准度，降低了库存风险。这种敏捷的市场响应能力使凌迪科技能够快速适应市场变化，抓住发展机遇。

3. 常规运作能力

在常规运作能力方面，凌迪科技侧重于从计划、设计、生产和市场角度打造自身竞争力。在智能化分析消费者习惯和市场需求之后，凌迪科技会进行精准的产品计划，利用3D模型建立虚拟样衣，继而进行高效的设计研发，借助智能核价和自动BOM系统实现精准的成本核算与生产管理，最终通过电商平台和门店销售网络将产品推向市场。这种全链路的数字化运作能力使得凌迪科技能够在保证产品质量的同时，降低运营成本，提高市场竞争力。

综上所述，凌迪科技的成功转型离不开其资源禀赋优势和强大的资源整合能力。

## 五、数字化转型效果

凌迪科技的数字化转型在效益和效率两个方面均取得了显著成效。

### （一）效益分析

凌迪科技通过数字化转型实现了多个层面的效益提升。

1. 环境效益

凌迪科技以数字形式进行时尚产品研发、交互及展示，大幅降低了研发业务流程中的物料费用，有助于建设可持续的社会生态大环境。

2. 行业效益

凌迪科技通过技术创新赋能时尚产业链数字升级，提高了研发效率，促进了产业的良性发展。同时，通过充分利用数字资产能够加强对服饰类产品原创设计知识产权的保护，打造健康、和谐、规范的行业生态。

### （二）效率分析

在效率方面，凌迪科技的数字化研发模式取得了显著成效。

1. 研发效率

凌迪科技通过3D模型建立虚拟样衣，能够无差别替代实物样衣，提高了样衣的采用率，缩短了设计周期，提升了服装研发效率。

2. 运营效率

数字化研发模式助力凌迪科技研发环节降本提效，缓解了库存压力，提升了抗风险能力，建立了高效的快反供应链，从而推动了企业的可持续发展。

综上所述，凌迪科技通过数字化转型，在环境效益、行业效益以及研发效率和运营效率等方面均取得了显著成效，为服装行业的数字化转型提供了有力借鉴。

## 六、案例小结

凌迪科技通过技术手段，针对时尚产业提供了3D设计、款式推荐、快速迭代、直连生产和在线展示等全链路的数字化解决方案，显著提高了服装企业的研发效率和市场响应速度。

通过与常熟服装城的合作，凌迪科技不仅完善了自己的生态体系，还推动了整个服装产业链的数字化升级。凌迪科技的未来规划注重构建在线的服装设计师生态系统，以及引进更多的高科技人才，旨在进一步提升中国乃至全球服装行业的设计水平和生产效率。

此外，凌迪科技注重可持续发展，在通过3D技术降低样衣制作成本、节约资源的同时，也加强了对原创设计知识产权的保护，为创建环保、健康、有生命力的行业生态贡献了自己的力量。

综上所述，凌迪科技通过数字化转型，成功推动了时尚产业链的升级。未来，凌迪科技将为更多企业和设计师提供优质服务，引领时尚产业迈向更加美好的未来。

## 七、案例思考

（1）凌迪科技如何通过 3D 数字化技术实现服装设计的高效和精确性，具体涉及哪些技术手段？

（2）在推动服装行业数字化转型的过程中，凌迪科技面临哪些挑战和机遇？

（3）凌迪科技的案例中提到了与常熟服装城的合作，这种合作模式对于两者所带来的具体益处有哪些？

（4）考虑到凌迪科技强调的可持续发展战略，3D 数字化技术如何在环境保护和资源节约方面发挥作用？

（5）凌迪科技的发展计划提及构建服装设计师的在线生态，这将如何影响传统服装设计行业，对设计师个人又有哪些潜在好处？

# 第十六章 16

# 市采通

## 贸易服务平台助力市场采购与跨境电商融合

今后，我们将努力搭建常熟与韩国、俄罗斯、巴西等国专业市场间的国际物流专线，并为服装城的外贸商户提供“一站式”“门对门”的服务。同时，在市采通平台实现通关服务的基础上，我们还将在物流、金融和贸易三个方面发力，帮助服装城把外贸的增量市场做起来。

——市采通董事长　蒋伟

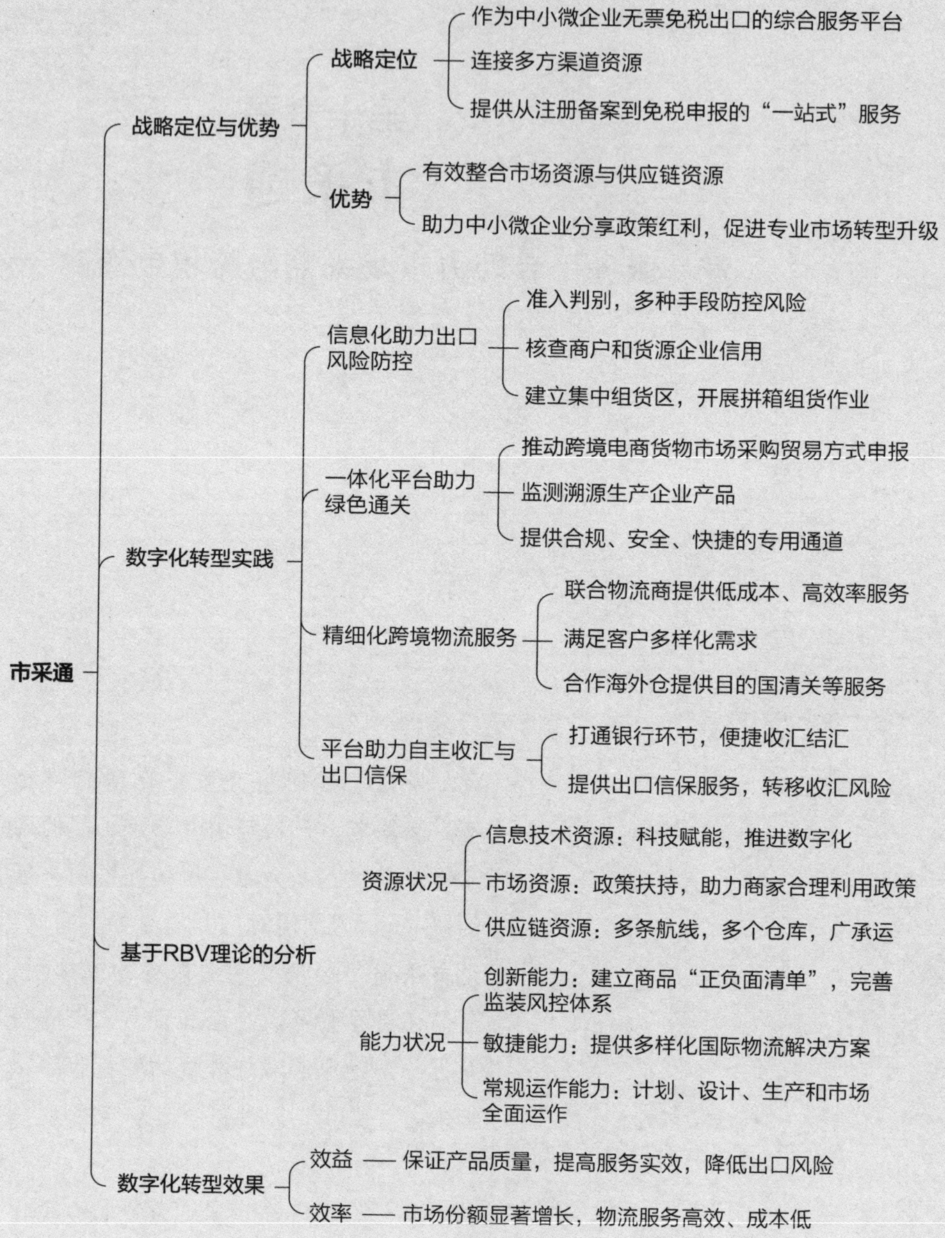
市采通
战略定位与优势
战略定位
作为中小微企业无票免税出口的综合服务平台
连接多方渠道资源
提供从注册备案到免税申报的“一站式”服务
优势
有效整合市场资源与供应链资源
助力中小微企业分享政策红利，促进专业市场转型升级
数字化转型实践
信息化助力出口风险防控
准入判别，多种手段防控风险
核查商户和货源企业信用
建立集中组货区，开展拼箱组货作业
一体化平台助力绿色通关
推动跨境电商货物市场采购贸易方式申报
监测溯源生产企业产品
提供合规、安全、快捷的专用通道
精细化跨境物流服务
联合物流商提供低成本、高效率服务
满足客户多样化需求
合作海外仓提供目的国清关等服务
平台助力自主收汇与出口信保
打通银行环节，便捷收汇结汇
提供出口信保服务，转移收汇风险
基于RBV理论的分析
资源状况
信息技术资源：科技赋能，推进数字化
市场资源：政策扶持，助力商家合理利用政策
供应链资源：多条航线，多个仓库，广承运
能力状况
创新能力：建立商品“正负面清单”，完善监装风控体系
敏捷能力：提供多样化国际物流解决方案
常规运作能力：计划、设计、生产和市场全面运作
数字化转型效果
效益
保证产品质量，提高服务实效，降低出口风险
效率
市场份额显著增长，物流服务高效、成本低

## 一、案例背景

数字化正在改变着传统产业的运作方式，包括贸易产业。贸易数字化包括内贸和外贸的数字化，即通过互联网和数字技术实现对外贸易全产业链、全价值链的数字化转型。简单来说，贸易数字化就是以贸易为龙头、以产业为基础、以服务为保障，贸、产、服协同发展，实现对外贸易全产业链、全价值链的数字化转型。

江苏中服焦点跨境贸易服务有限公司成立于2014年6月，最早作为市场采购贸易联网信息平台的承建方，助力试点市场运营管理。该公司围绕市场采购贸易试点健康发展，为试点地提供联网平台和招商运营全套建设方案，自2016年常熟服装城获批国家市场采购贸易试点以来，经过多年的运营和积累，已完成对市场采购贸易联网信息平台的升级重构，并于2019年正式上线市采通，立足试点，面向全国开展业务，为试点市场发展外贸新业态提供助力。

## 二、战略定位与优势

市采通的战略定位是作为中小微企业无票免税出口的综合服务平台，连接多方渠道资源，提供从注册备案到免税申报的“一站式”服务。其优势在于能够依托数字技术与平台经济的融合，有效整合市场资源和供应链资源，通过创新、敏捷和常规运作能力，助力中小微企业分享政策红利，促进专业市场转型升级，实现对外贸易全产业链、全价值链的数字化转型。

## 三、数字化转型实践

在市场采购贸易中，市采通平台通过开通商户注册备案、组货拼箱、报检通关、收汇结汇、免税申报等功能，为中小微企业解决出口业务中的难题。同时，市采通通过以下方式助力企业发展。

### （一）信息化助力出口风险防控

市采通对申请出口企业做准入判别，并通过多种手段助力其进行风险防控，确保出口业务的安全合规。

市采通基于市场监督部门公开信息及企查查、天眼查等系统对商户和货源企业的信用进行核查，并将核查结果作为市场采购的准入条件。此外，市采通在海关监管场所市场采购作业区建立集中组货区，在国内主要口岸附近组建云仓，开展拼箱组货作业，并对所有作业流程采取现场监装、视频监控和随机抽检等措施，以信息化手段助力风险防控。

### （二）一体化平台助力绿色通关

市采通利用市场采购贸易政策，推动跨境电商货物通过市场采购贸易方式申报出口，同时提供合规、安全、快捷的专用通道。

针对跨境电商企业常常面临的无票出口、收汇和结汇困难、货物品类繁杂等难题，市采通主要做了以下三方面工作：第一，助力外贸商家利用市场采购贸易“无票免税、简化申报”等政策，推动跨境电商货物通过市场采购贸易方式申报出口；第二，对生产企业的产品进行监测溯源，保证产品质量和合规性；第三，与常熟服装城合作，组织亚马逊等跨境电商 B2B 货物在本地海关监管场所进行快速拼箱、简化申报转关到上海口岸，并与海外仓合作，提供合规、安全、快捷的专用通道。市采通一体化平台运作如图 16-1 所示。

### （三）精细化跨境物流服务

市采通联合物流商提供低成本、高效率的跨境物流服务，包括海运、空运、铁路和公路运输等多种选择，满足客户的多样化需求。一方面，海运价格低廉，而陆运价格仅为空运价格的 1/3~2/3，性价比较高。另一方面，每周固定航次和班车，通关便捷且时效快，可承运产品范围广，大部分产品无清关限制。此外，市采通平台合作海外仓提供目的国清关、海外仓储与尾程派送等服务。

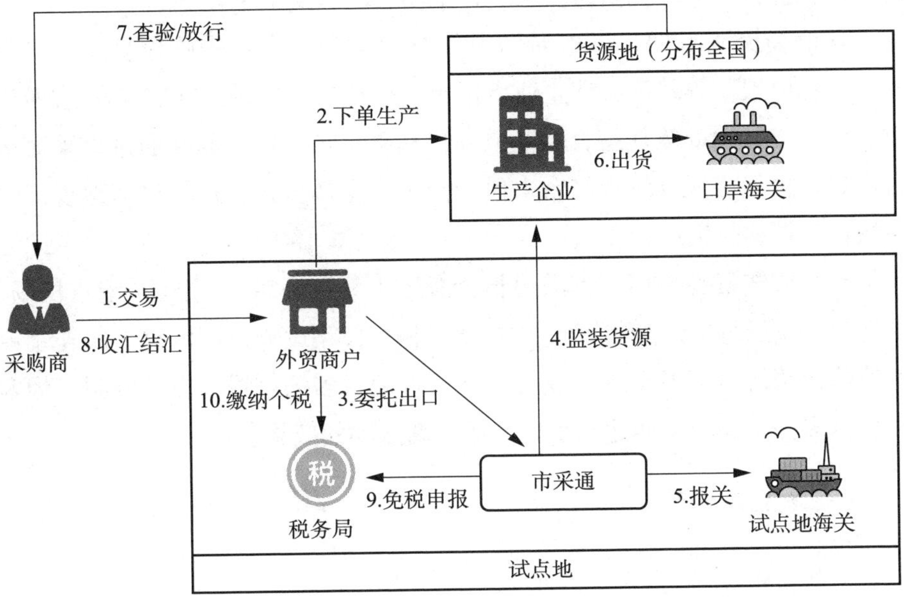


图 16-1　市采通一体化平台运作

### （四）平台助力自主收汇与出口信保

市采通打通银行等环节，使外贸商户能够便捷地收汇结汇，同时提供出口信保服务，转移收汇风险。

外贸商户以商号名义开立外汇结算账户，合规收汇，便捷操作，通过这些产品创新解决中小微企业无票出口合规收汇难题。

## 四、基于 RBV 理论的分析

### （一）资源状况

市采通在信息技术、市场资源和供应链资源方面拥有显著优势。这些资源为市采通提供了强大的市场竞争力，使其能够在激烈的市场竞争中脱颖而出。

在信息技术方面，市采通以科技赋能跨境贸易，将数字贸易与平台经济有机融合，开辟跨境贸易新渠道，推动跨境贸易数字化。

在市场资源方面，市采通助力外贸商家利用市场采购贸易“无票免税、简化申报”等政策，使企业申报出口更便捷。此外，2020 年，常熟市政府给予市采通政策扶持，企业或商户从事市场采购贸易并通过市采通平台出口，投保市采通统保平台，保费由政府全额扶持，以出口信保规范贸易操作，转移收汇风险。

在供应链资源方面，市采通整合海运（美森快船）、空运（南京机场、上海机场），铁路（中欧班列、中亚班列）、公路运输，国内仓、海外仓等跨境物流资源，以及全国产业带资源，打通了多条航线、多种资源，为客户提供多种选择，从而达到了广承运、高效率的效果。

## （二）能力状况

### 1. 创新能力

为了提高商品审核效能，降低出口风险，完善商品认定体系，常熟服装城创新风险防控模式，建立商品“正负面清单”，搭建全品类商品备案审核的红色、绿色、黄色通道，即将不适用市场采购贸易方式出口和常熟市场集聚的产品列入负面清单，进入禁止出口的红色通道，正面清单商品进入自动审核的绿色通道，人工审核商品进入黄色通道。

通过借力美森快船专线，市采通融合了市场采购和跨境电商两种外贸新业态。

### 2. 敏捷能力

市采通为中小微企业及跨境电商卖家提供通往东南亚和亚马逊 FBA 仓库的陆运、海运等国际物流解决方案，包括跨境电商 FBA 货物美国快船专线，中国到亚洲、欧洲诸国等路线，国内到英国、德国等铁运专线，以及中国到韩国、迪拜等专业市场的“门对门”物流服务。

### 3. 常规运作能力

市采通的常规运作能力主要体现在计划、设计、生产和市场等方面。在计划方面，市采通积极推动常熟数字贸易港建设。在设计方面，市采通重点构建跨境电商出口集货中心、进口理货中心，同时加快布局国内云仓和海外仓。在生产方面，市采通为中小微企业和跨境电商卖家提供国际物流解决方案。在市场方面，市采通通过市场监督部门公开信息及企查查、天眼查等查询系统对商户和货源企业的信用情况进行查询。

## 五、数字化转型效果

### （一）效益分析

市采通对生产企业的产品监测溯源，保证了产品的质量和合规性。

依托市采通，中小外贸企业提高了服务实效，高效满足外商采购需求，进入运营市场采购作业区，打造常熟“数字贸易港”，绘制服装城“外贸地图”，提高商品审核效能，降低出口风险，完善商品认定体系。

市采通数字化转型的效益见表 16–1。

表 16–1　市采通数字化转型的效益

| 序号 | 项目 | 价值属性 | | | |
|---|---|---|---|---|---|
| | | 长期 | 稀有 | 不可替代 | 不可复制 |
| 1 | 商品监管到位，保证了产品的质量和合规性 | √ | | √ | |
| 2 | 跨境物流服务具有低成本、高效率、广承运、保安全等特点 | √ | √ | √ | |
| 3 | 商品审核效能高，出口风险低 | √ | | √ | |
| 4 | 高效对接外商采购需求 | √ | √ | √ | √ |

### （二）效率分析

截至 2020 年 12 月，市采通平台入驻外贸商户 273 家，服务企业 1177 家，出口 10335 票，共计 13687 个标箱；服装城区域内产品通过市场采购贸易联网信息平台出口超 10 亿美元，同比增长 11%。

通过借力美森快船专线，融合市场采购和跨境电商两种外贸新业态，全年通过市采通平台申报出口跨境电商货物价值超 1 亿美元。

## 六、案例小结

市采通是江苏中服焦点跨境贸易服务有限公司旗下的一个创新平台，专注于通过科技赋能小微企业，解决它们在跨境电商领域遇到的各种挑战。该平台依托数字技术与平台经济的融合，提供了一系列服务，包括但不限于商户注册备案、组货拼箱、报检通关、收汇结汇和免税申报。通过这些服务，市采通帮助中小微企业充分利用国家市场采购贸易方式试点政策，促进专业市场转型升级。

市采通通过一体化的平台建设、精细化的跨境物流服务和创新的金融服务（如出口信保），为中小微企业提供全方位的支持。

## 七、案例思考

（1）市采通是如何通过技术手段解决中小微企业在跨境电商领域遇到的障碍的？请结合案例内容具体分析。

（2）在市采通提供的“一站式”服务中，哪项服务对促进中小微企业外贸发展最为关键？为什么？

（3）市采通在推动常熟数字贸易港建设中发挥了什么作用？这对常熟市及其周边区域的外贸发展有何影响？

（4）结合市采通提供的多元化服务，探讨它应如何协助中小微企业应对国际贸易中可能遇到的法律和规制风险。

（5）基于市采通案例，思考未来数字贸易平台的发展趋势及可能面临的挑战，并提出相应的策略和建议。

# 第十七章 17

# 衫数科技

## 服装供应链数字化转型的先锋力量

数字化时代的用人和管理不再是简单地对工作进行分配，而是要像园丁一样，通盘考虑与组织成长适配的架构、流程和环境，使各部分能够自主运转。

——衫数科技创始人　王曦

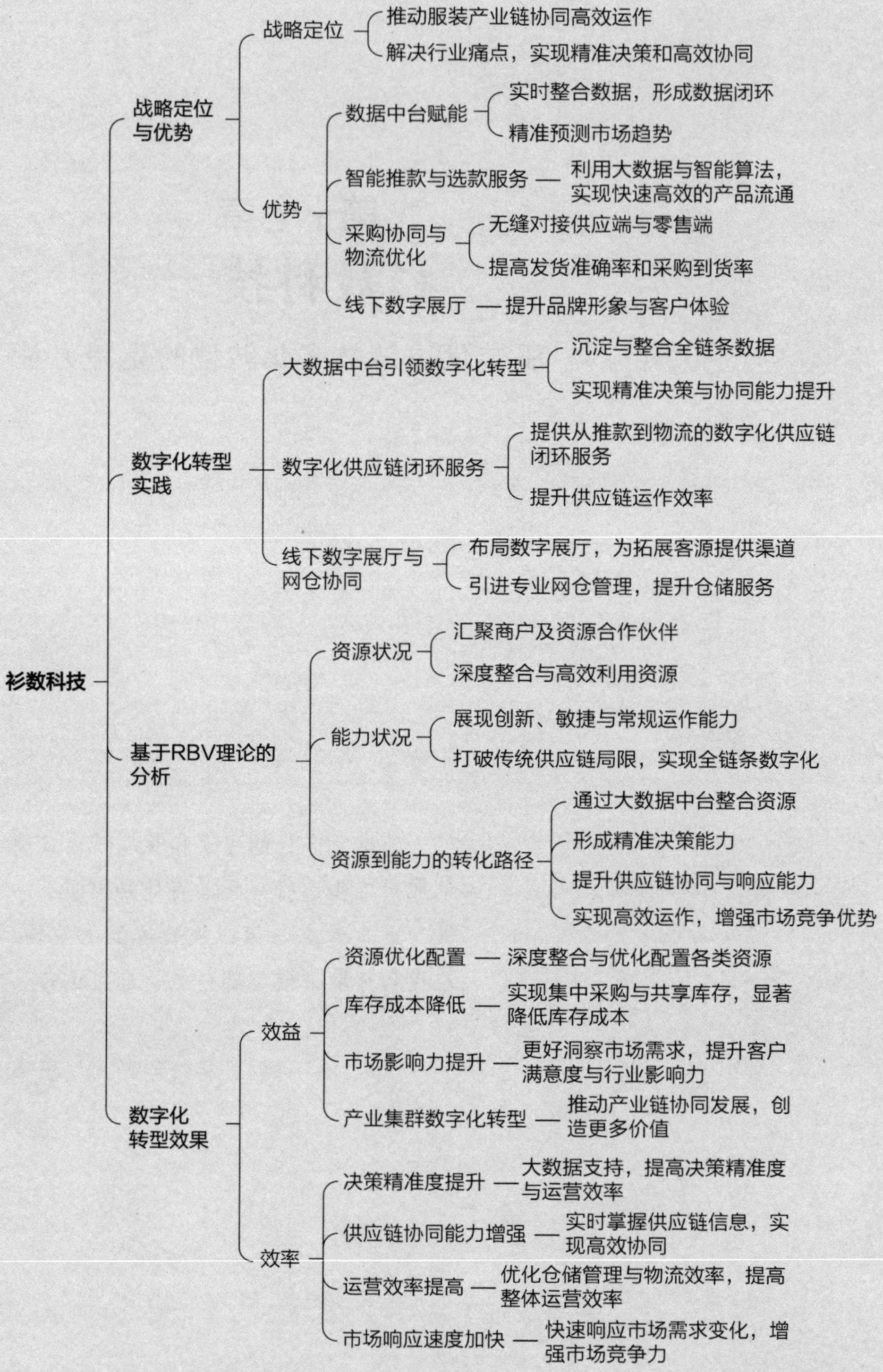
衫数科技
战略定位
与优势
战略定位
推动服装产业链协同高效运作
解决行业痛点，实现精准决策和高效协同
优势
数据中台赋能
实时整合数据，形成数据闭环
精准预测市场趋势
智能推款与选款服务
利用大数据与智能算法，
实现快速高效的产品流通
采购协同与
物流优化
无缝对接供应端与零售端
提高发货准确率和采购到货率
线下数字展厅
提升品牌形象与客户体验
数字化转型
实践
大数据中台引领数字化转型
沉淀与整合全链条数据
实现精准决策与协同能力提升
数字化供应链闭环服务
提供从推款到物流的数字化供应链
闭环服务
提升供应链运作效率
线下数字展厅与
网仓协同
布局数字展厅，为拓展客源提供渠道
引进专业网仓管理，提升仓储服务
基于RBV理论的
分析
资源状况
汇聚商户及资源合作伙伴
深度整合与高效利用资源
能力状况
展现创新、敏捷与常规运作能力
打破传统供应链局限，实现全链条数字化
资源到能力的转化路径
通过大数据中台整合资源
形成精准决策能力
提升供应链协同与响应能力
实现高效运作，增强市场竞争优势
数字化
转型效果
效益
资源优化配置
深度整合与优化配置各类资源
库存成本降低
实现集中采购与共享库存，显著
降低库存成本
市场影响力提升
更好洞察市场需求，提升客户
满意度与行业影响力
产业集群数字化转型
推动产业链协同发展，创
造更多价值
效率
决策精准度提升
大数据支持，提高决策精准度
与运营效率
供应链协同能力增强
实时掌握供应链信息，实
现高效协同
运营效率提高
优化仓储管理与物流效率，提高
整体运营效率
市场响应速度加快
快速响应市场需求变化，增
强市场竞争力

衫数科技聚焦服装产业，通过数字化转型，成功打造了一站式的 SaaS 平台，实现了销售预测与库存优化的精准管理。依托大数据中台，衫数科技打通了供应链上下游，构建了“推款—选款—采购—支付—物流”的数字化闭环服务。凭借“优优数字”等创新平台，衫数科技不仅助力企业降低了库存、提高了运营效率，还推动了整个服装产业的数字化转型。目前，衫数科技已完成多轮融资，估值超过 17 亿元，正加速构建线上、线下协同的交易生态，引领行业变革。

## 一、案例背景

衫数科技成立于 2015 年 8 月，专注服装成衣供应链协同赋能平台产品研发与专业运营，主要为服装产业品牌电商、档口商家、终端门店、生产工厂及服装城提供智能推款、数字选款、共享库存、云仓物流一体化的赋能服务。依托产业数据中台，衫数科技从市场、管理和资源三端进行赋能，驱动业务联通与资源互补，实现产品不断优化升级、平台迭变更新。目前，衫数科技已聚集近 7000 家商户及资源合作伙伴，日成交额超过 2 亿元；完成 B+ 轮投资协议签署，估值超 17 亿元。

## 二、战略定位与优势

### （一）战略定位

衫数科技专注于通过数字化手段推动服装产业链的协同高效运作。通过构建大数据中台和一系列智能平台，衫数科技致力解决服装行业长期以来面临的高库存、信息不对称等问题，助力产业链上下游企业实现精准决策和高效协同。

### （二）优势

1. 数据中台赋能

衫数科技构建的大数据中台，能够实时整合市场数据、销售数据、生产数据等，形成一个双向联通的数据闭环。这种数据驱动的决策方式，使企业能够更精准地预测市场趋势，制定生产和销售策略，从而提高库存周转率，降低运营成本。

2. 智能推款与选款服务

通过“优优推款”和“优优选款”平台，衫数科技为供应商及零售商提供智能推款和选款服务。利用大数据和智能算法，平台能够精准匹配供需双方的需求，实现快速高效的产品流通。

3. 采购协同与物流优化

衫数科技通过建立采购协同服务平台和依链网仓模式，实现供应端和零售端的无缝对接；通过优化物流流程，提高发货准确率和采购到货率，确保订单的高效执行和客户满意度的提升。

4. 线下数字展厅

衫数科技还积极布局线下数字展厅，用于数据展示、服装展示和资源聚合。这不仅有助于提升品牌形象和客户体验，还能为供应商拓展更多客源提供有力支持。

综上所述，衫数科技以其独特的数据驱动策略和智能平台服务，在服装行业数字化供应链领域占据了领先地位。通过不断优化和创新，衫数科技将继续推动服装产业链的协同高效发展，为行业创造更多价值。

## 三、数字化转型实践

在数字化转型的浪潮中，衫数科技凭借其前瞻性的视野和不懈的努力，成功地在服装产业链上打造了高效协同的数字化供应链平台。

### （一）大数据中台引领数字化转型

衫数科技深刻理解数据对服装行业的重要性，因此着力构建了一个大数据中台。这个中台不仅从终端门店、电商平台等市场渠道沉淀了海量数据，还实时整合了供应链全链条的设计、生产、批发等各环节数据。通过数据的双向联通，衫数科技实现了精准决策，极大地提升了上下游的协同能力。这一举措不仅解决了困扰服装行业多年的高库存问题，也为企业的快速发展提供了强有力的支撑。

### （二）数字化供应链闭环服务

衫数科技依托大数据中台，提供从推款到物流的数字化供应链闭环服务。通过“优优推款”和“优优选款”两大平台，衫数科技为供应商和零售商提供了精准匹配的服务。在供应端，供应商可以快速获客，实现精准推款；在零售端，零售商可以结合大数据分析选择畅销款式，降低经营风险。同时，依链网仓模式的引入，使衫数科技进一步提升了供应链的运作效率，发货准确率达到 99.9%，采购到货率高达 90%，远高于市场平均水平。

### （三）线下数字展厅与网仓协同发力

除了线上的数字化服务，衫数科技还积极布局线下，初步完成了数字展厅的布局。数字展厅不仅作为数据展示、服装展示的平台，也是资源聚合之所，为供应商拓展客源提供了重要渠道。衫数科技还与中通云仓达成战略合作，引进专业的网仓管理和发货履约制度，为商家提供高效、准确的仓储服务。这种线上、线下协同的模式，为服装产业的数字化转型提供了新的思路和方向。

综上所述，衫数科技通过构建大数据中台、提供数字化供应链闭环服务以及线下数字展厅与网仓的协同发力，成功实现了数字化转型。这一转型不仅提升了衫数科技的运营效率和市场竞争力，也为整个服装产业的数字化转型提供了有益的借鉴。

## 四、基于 RBV 理论的分析

衫数科技是一家在服装供应链领域崭露头角的数字化赋能企业，其发展历程和取得的成效，正是 RBV 理论在现实世界的生动体现。

### （一）资源状况

从资源状况来看，衫数科技汇聚了近 7000 家商户及资源合作伙伴，这一庞大的市场资源网络为其业务的迅猛发展奠定了坚实的基础。更重要的是，衫数科技不仅拥有数量优势，还通过大数据中台等，对资源进行了深度整合和高效利用。大数据中台的全面性和一体化特征，使得衫数科技能够从市场数据中反向整合行业资源，再将供应链全链条的数据传导给市场，形成双向联通的数据闭环。这种资源优化和配置的能力，正是衫数科技在激烈的市场竞争中脱颖而出的关键。

### （二）能力状况

在能力状况方面，衫数科技展现出强大的创新能力、敏捷能力和常规运作能力。通过构建数字化供应平台、数字化服务平台和网仓，衫数科技打破了传统供应链的局限，实现了产供销全链条的数字化。大数据平台的精准可靠，使衫数科技能够为供应商与零售商提供精准推款和选款服务，实现高效协同。衫数科技还具有极高的敏捷性，能够根据市场变化快速调整策略，解决困扰服装行业多年的高库存问题。

衫数科技在服装供应链领域实现了数字化转型的突破，为整个产业的发展提供了宝贵的经验。

## 五、数字化转型效果

### （一）效益分析

衫数科技通过数字化转型，在多个方面实现了效益的显著提升。

1. 资源优化配置

衫数科技利用大数据中台，对市场资源、供应链资源、财务资源和信息技术资源进行了深度整合与优化配置。这种有效整合不仅提高了资源的利用效率，还为企业的快速发展提供了有力支持。

2. 库存成本降低

通过数字化供应链闭环服务，衫数科技实现了集中采购和共享库存，显著降低了产业链伙伴的库存成本。据统计，这一举措帮助合作伙伴降低了 70% 以上的库存，有效解决了服装行业长期存在的高库存问题。

3. 市场影响力提升

数字化转型使衫数科技能够更好地洞察市场需求，为供应商与零售商提供精准推款和选款服务。这不仅提高了客户满意度，还增强了衫数科技在服装行业的影响力。

4. 产业集群数字化转型

衫数科技通过推动产业集群的数字化转型，促进了整个产业链的协同发展。这种转型不仅提高了产业链的整体效率，还为行业创造了更多的价值。

### （二）效率分析

在效率方面，衫数科技的数字化转型同样取得了显著成效。

1. 决策精准度提升

大数据平台为衫数科技提供了精准的数据支持，使其能够做出更加精准的决策。这些决策不仅提高了企业的运营效率，还降低了市场风险。

2. 供应链协同能力增强

数字化供应链闭环服务使衫数科技能够实时掌握供应链各个环节的信息，实现高效协同。这种协同能力不仅提高了供应链的响应速度，还降低了运营成本。

3. 运营效率提高

通过优化仓储管理、提升物流效率等措施，衫数科技显著提高了自身的运营效率。这种效率的提升不仅缩短了订单处理周期，还提高了客户满意度。

4. 市场响应速度加快

数字化转型使衫数科技能够更快速地响应市场需求变化。这种快速响应能力不仅增强了企业的市场竞争力，还为企业赢得了更多的商业机会。

衫数科技的数字化转型不仅提升了企业的核心竞争力，还为整个服装行业的发展注入了活力。

## 六、案例小结

自2015年成立以来，衫数科技专注于利用数字化技术赋能服装供应链，为服装行业的各个环节——包括品牌电商、档口商家、终端门店以及生产工厂提供全方位的解决方案。这些解决方案覆盖了从智能推款、数字选款到共享库存和云仓物流服务等多个方面。通过构建大数据中台，衫数科技有效地联通了市场需求、管理流程和资源配置，解决了传统服装行业面临的高库存问题。

衫数科技的核心技术之一——优优数字平台，利用大数据分析和高级算法模型，为零售商提供了精准的选款、采购、退货及下架决策支持。此外，网仓模式对智能化仓储和物流进行了深度优化，旨在降低成本、提升效率，并根据不同商户的需求提供定制化服务。

衫数科技在常熟设立的数字化交易中心是其重要战略布局之一。该中心通过线上、线下融合的方式，引入大数据，为全国服装企业提供高效的撮合交易服务，显著提升了产业链的整体运营效率和市场响应速度。此举不仅提升了地方服装供应市场的形象，还为档口和服装厂提供了新的展示平台，促进了区域产业的数字化转型。衫数科技通过SaaS系统切入、大数据中台赋能，为服装产业零售端和生产供应端提供了数字化协同与决策服务。

总之，衫数科技的数字化交易中心集成了包括一站式数字体验、数字科技形象展示、AI试衣数字场景、数字定制及甄选在内的多项功能，致力实现选款的数字化、生产的柔性化以及仓储的智能化，全面推进服装行业数字化转型。

## 七、案例思考

（1）衫数科技通过其技术和服务优化了哪些关键环节，从而解决了服装行业的高库存问题？

（2）“优化推款”和“优化选款”两大平台如何利用大数据和算法模型支持零售商的精准决策？请举例说明其中的一个算法模型如何应用于实际。

（3）网仓模式在降低仓储成本和提升履约效率方面发挥了哪些关键作用？具体是通过哪些技术或服务实现的？

（4）数字化交易中心如何帮助档口和服装厂提升品牌形象，同时吸引更多的零售商进行交易？

（5）考虑到衫数科技的业务模式和技术应用，未来该公司在服装供应链领域还可能有哪些新的机会或将面临哪些挑战？

# 第十八章 江苏云企 18

## 以平台驱动物流智变

我们搭建运融通智慧物流平台，一方面有利于打包工和商户之间的快捷沟通，另一方面有利于市场对从业人员、物流货物的联动管理，长期坚持下来，能够更好地提高服装城的运营效率和管理效率。

——江苏云企公司总监　焦民龙

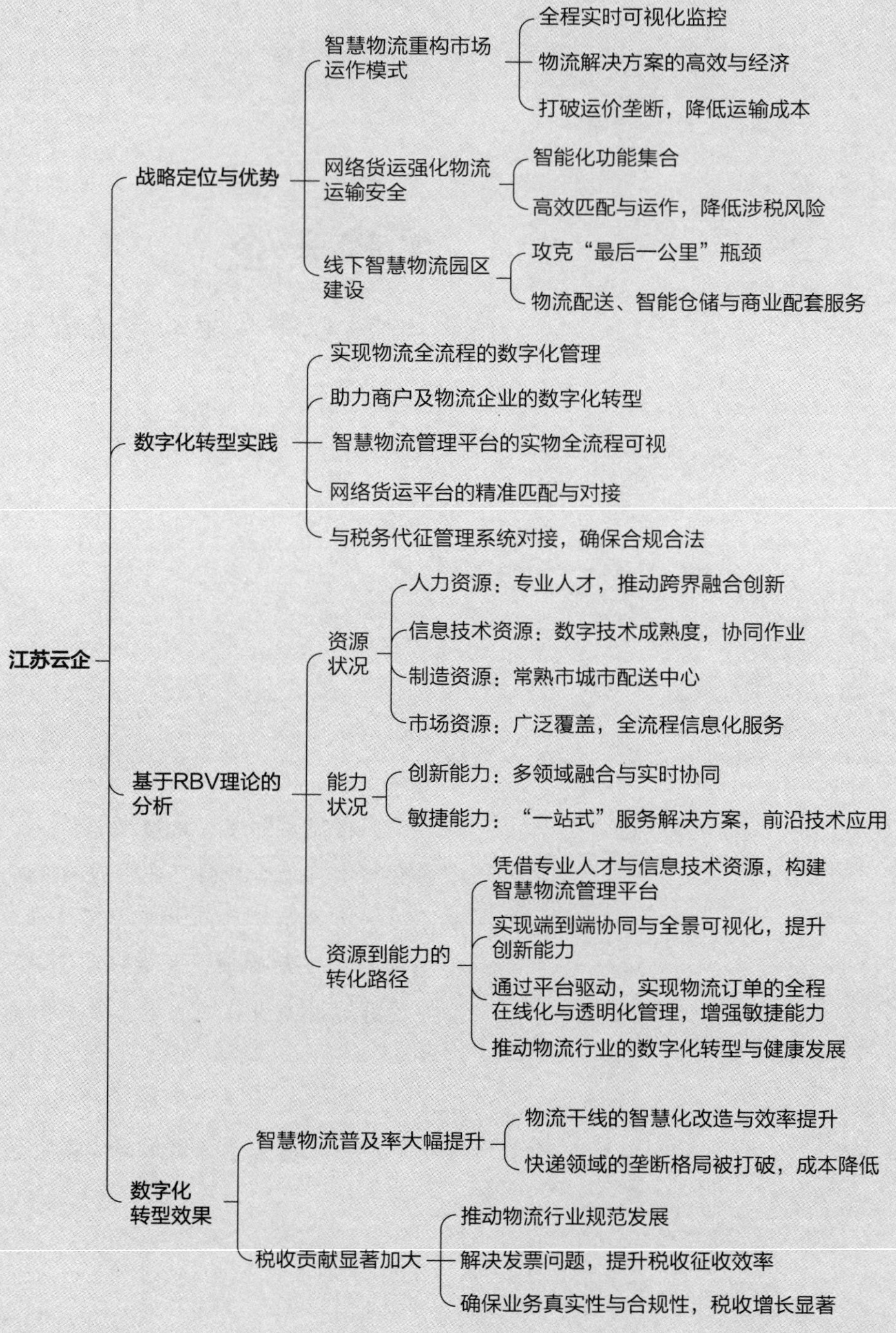
江苏云企
战略定位与优势
智慧物流重构市场运作模式
全程实时可视化监控
物流解决方案的高效与经济
打破运价垄断，降低运输成本
网络货运强化物流运输安全
智能化功能集合
高效匹配与运作，降低涉税风险
线下智慧物流园区建设
攻克“最后一公里”瓶颈
物流配送、智能仓储与商业配套服务
数字化转型实践
实现物流全流程的数字化管理
助力商户及物流企业的数字化转型
智慧物流管理平台的实物全流程可视
网络货运平台的精准匹配与对接
与税务代征管理系统对接，确保合规合法
基于RBV理论的分析
资源状况
人力资源：专业人才，推动跨界融合创新
信息技术资源：数字技术成熟度，协同作业
制造资源：常熟市城市配送中心
市场资源：广泛覆盖，全流程信息化服务
能力状况
创新能力：多领域融合与实时协同
敏捷能力：“一站式”服务解决方案，前沿技术应用
资源到能力的转化路径
凭借专业人才与信息技术资源，构建智慧物流管理平台
实现端到端协同与全景可视化，提升创新能力
通过平台驱动，实现物流订单的全程在线化与透明化管理，增强敏捷能力
推动物流行业的数字化转型与健康发展
数字化转型效果
智慧物流普及率大幅提升
物流干线的智慧化改造与效率提升
快递领域的垄断格局被打破，成本降低
税收贡献显著加大
推动物流行业规范发展
解决发票问题，提升税收征收效率
确保业务真实性与合规性，税收增长显著

江苏云企供应链管理有限公司（以下简称“江苏云企”）以常熟服装城作为有形载体，以满足现有运输干线经营为前提，结合“互联网＋物流大数据”的新模式，为常熟纺织服装行业构建了一个市场化、社会化、专业化、信息化的现代物流体系。

## 一、案例背景

在新时代物流行业快速变革的背景下，传统物流运输模式和服务理念已难以满足行业发展的迫切需要。自 2017 年 9 月起，江苏云企审时度势，立足常熟服装城各大市场，凭借旗下的运融通智慧物流管理平台，对市场商户和物流企业进行深度赋能。运融通智慧物流管理平台以智慧物流管理为核心，辅以网络货运平台，是一个集采购、分销、仓储、配送于一体的全方位供应链协同平台，有力地推动了商户及物流企业的数字化转型，引领常熟服装城物流体系迈向更深刻的改革。

江苏云企是一家实力雄厚的混合所有制企业，有常熟服装城集团有限公司全资子公司江苏富通物流有限公司、常熟 AAAAA 级物流企业江苏安达洲沿江国际物流有限公司以及江苏省高新技术企业常熟恒基科技有限公司三大股东的支持。依托强大的股东背景，江苏云企全面打造了集供应链管理和供应链金融于一体的现代化供应链智慧管理信息平台，通过平台驱动，实现了物流行业的智能化变革，进一步深化了常熟服装城的物流体系改革。

## 二、战略定位与优势

江苏云企的战略定位与优势主要体现在以下几个方面。

### （一）智慧物流重构市场运作模式

运融通智慧物流管理平台（如图 18–1 所示）巧妙地连接了运输过程中的货主、干线与收货方，使整个运输流程得以轻松管理，实现了从订单分配到货物运输的全程实时可视化监控，推动了运输的数字化革新。

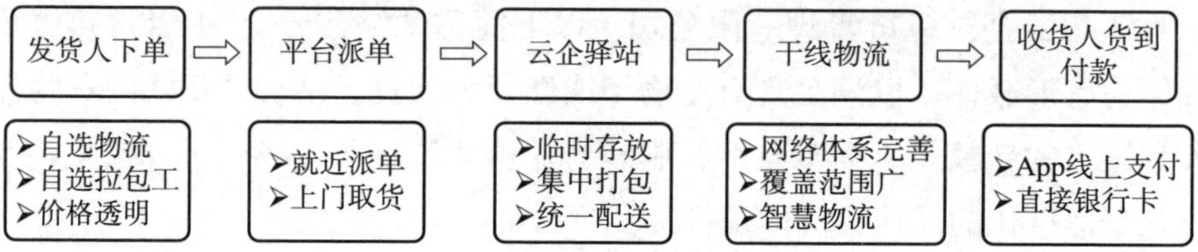

**图 18–1　运融通智慧物流管理平台**

由图 18–1 可知，运融通智慧物流管理平台不仅为货主提供了高效、经济的物流解决方案，还能确保货物在运输过程中的安全性与服务质量的卓越性。以智慧树童装为例。作为常熟服装城的知名商户，智慧树童装通过运融通智慧物流管理平台，对众多物流公司的报价进行对比，选择最适合自身需求的合作伙伴，并在平台上直接联系拉包工进行打包服务。全程费用透明，包括运费和打包费，确保了成本的可控和货物的安全。

运融通智慧物流管理平台通过积极引进更多大型、知名的快递企业，拓宽了快递企业的出货端口，打破了以往区域代理结盟导致的运价垄断现象。这一举措使得每单的运输成本降低了 30% 以上，为货主带来了实实在在的利益。据江苏云企透露，运融通智慧物流管理平台每日处理的快递数据交互对接量高达 20 万单，展现了强大的处理能力和高效的运营效率。

运融通智慧物流管理平台的广泛应用，不仅打破了常熟服装城原有的物流垄断局面，还促进了物流业务的扁平化、透明化，同时降低了成本。通过全程信息化管理，运融通智慧物流管理平台优化了专业市场的商流、物流、资金流和信息流，重塑了市场运作模式，有力地推动了市场的数字化转型升级。

### （二）网络货运强化物流运输安全

传统的货运调度模式不仅效率低下，耗费大量时间与精力，而且经常要面对货车空载率高、结算流程烦琐且周期长等难题。为了解决这些难题，运融通网络货运平台应运而生。该平台集合了在线发货、在线接单、在线支付、实时跟踪定位等一系列功能。

运融通网络货运平台通过精准整合车源和货源信息，实现高效匹配与运作，打造了一个完整的供应链业务闭环。这不仅显著降低了物流企业的涉税风险，还有效提升了对地方政府的财税贡献，为物流行业的健康发展注入了新的活力。

### （三）线下智慧物流园区建设

为深化常熟服装产业的生产制造、国际贸易与国际物流的全方位融合，进一步提升产业价值链，江苏云企精心打造了常熟市城市配送中心这一线下智慧物流园区，旨在突破服装城商贸物流“最后一公里”的瓶颈。该配送中心集物流配送、智能仓储及完善的商业配套服务于一体，为常熟服装产业的持续发展提供了强有力的物流支撑。

在该园区内，入驻的物流企业全面实行信息化管理，实现了数据共享。通过与运融通智慧物流管理平台紧密结合，这些企业不仅提升了服务质量，而且增强了市场竞争力，共同推动常熟服装产业的物流体系向更高水平迈进。

## 三、数字化转型实践

江苏云企通过运融通智慧物流管理平台和运融通网络货运平台，实现了物流全流程的数字化管理，促进了商户及物流企业的数字化转型，推动了常熟服装城物流体系的整体升级。江苏云企的数字化转型实践如下：

（1）立足常熟服装城各大市场，助力商户及物流企业数字化转型，推动常熟服装城物流体系改革。

（2）运融通智慧物流管理平台从订单分配到货物运输，实物全流程可视，实现了运输数字化。

（3）运融通网络货运平台通过互联网、数字化手段，在货运供需之间形成人、车、货的精准匹配与对接。

（4）运融通网络货运平台与江苏省税务代征管理系统对接，为税收征管提供真实交易数据，确保了运输流程的合规合法，既保障了企业货运业务的安全与合规，也保障了个体车辆的权益利润和实时结算。

## 四、基于 RBV 理论的分析

### （一）资源状况

在人力资源方面，江苏云企作为混合所有制企业，会聚了众多专业人才。这些人才不仅熟练掌握前沿技术，还积极推动多领域的跨界融合创新，为全面建设现代供应链智慧管理信息平台提供了支撑。

在信息技术资源方面，江苏云企倾力打造了运融通智慧物流管理平台。该平台充分运用物联网、云计算和人工智能等先进数字技术，深度融合了物流与金融行业，实现了端到端的协同作业和供应链全流程的可视化。这一平台的技术成熟度很高，有效地提升了物流运作的效率和透明度。

江苏云企秉承“供应链管理 + 供应链金融”的现代化服务理念，运用网格化的管理思维，建立以驿站为核心的网格运营管理中心，对经营户、打包工、快递员以及各运输企业（干线）实行统一管理。通过运融通智慧物流管理平台，商户、打包工及干线实现了需求信息的准确、及时传导，构建了一个集采购、分销、仓储、配送于一体的供应链协同平台。同时，运融通网络货运平台连接物流企业与财税部门，为常熟服装城的整体市场管理和交通管理提供了智能化解决方案。

在制造资源方面，江苏云企建设的常熟市城市配送中心一期物流区拥有约 10 万平方米的库房面积。该中心为多层结构，底层作为专线物流区，可容纳超过 150 家专线物流公司；而高层的仓库设计则允许货车直接入库，为快递、江浙沪一带的短途干线物流、电商云仓以及服装城的商户提供了便捷高效的服务。目前，一期项目已建成并投入使用，其广阔的场地为物流运作提供了充足的空间。

在市场资源方面，江苏云企的客户广泛覆盖商户、打包工、拉包工以及物流企业。依托平台全流程信息化、可视化的特点，江苏云企成功对接了这些客户，实现了快捷下单、接单和发货，并全程跟踪货物的最新物流状态。此外，江苏云企还助力物流企业完成了内部的数字化、信息化升级，使其在竞争激烈的市场环境中获得更多订单。通过引入统一的价格体系和评价体系，江苏云企有效降低了商户的物流成本和风险。自 2019 年上线以来，平台已吸引超过 7000 家商户和 100 多家物流干线企业入驻，物流订单数量突破 12 万单，累计开票营业额近亿元。

## （二）能力状况

1. 创新能力

运融通智慧物流管理平台以其独特的“物联网 + 云计算 + 人工智能 + 物流 + 金融”的多领域融合模式，引领端到端的协同作业与供应链全景可视化。该平台不仅无缝连接物流运输的上下游，而且全方位赋能整个供应链体系。通过多样化的产品终端，包括 PC 端平台、微信小程序和移动 App，运融通智慧物流管理平台实现了货主、短驳司机、拉包工以及物流干线之间的全方位、实时协同。这一创新的智慧物流管理平台，将原本分散的运输参与方——货主、干线和收货方紧密地连在一起，极大地简化了运输管理流程，使运输的全过程——从订单分配到货物送达，都实现了实时可视化的精准掌控。

2. 敏捷能力

江苏云企精心打造的网络货运“一站式”服务解决方案，紧密围绕政府统一监管体系，致力构建一个标准化、智能化的物流行业平台。该平台提供了“软件 + 硬件 + 运营指导”一体化智慧物流信息化服务，运用人工智能、大数据、物联网等前沿技术，为运输企业注入新的活力，推动其稳健发展。

作为江苏省首批获得网络货运资质的企业，江苏云企坚持平台驱动物流智能化的战略方向，自主研发并不断完善运融通网络货运平台系统。凭借丰富的实战经验，该平台成功与省部级监测平台实现深度对接，为商贸物流相关各方提供高效、优质的物流解决方案。

运融通网络货运平台不仅实现了物流订单交易的全面在线化，还通过全过程透明化管理，确保交易、运输、结算等环节的可追溯，强化了运输过程的安全监管。同时，该平台为税收征管提供了真实、准确的交易数据，有效解决了广大个体户运输车辆难以获取运输发票的难题，为物流行业的健康发展贡献了重要力量。

## 五、数字化转型效果

### （一）智慧物流普及率大幅提升

江苏云企通过先进的智慧物流信息平台，对近 200 条物流干线实施了全面的智慧化改造，实现了货物数据的实时接入和高效管理。该平台对服装城与干线及到达站之间的物流进行了云车队统一配送，显著提升了物流效率。目前，出港站的智慧物流使用率已攀升至 70%，每日处理的业务吞吐量接近万吨。在快递领域，该平台每日实现的快递数据交互对接量高达 20 万单，打破了原有快递加盟商垄断的格局，展现了智慧物流在降低成本、提高透明度方面的巨大潜力。

### （二）税收贡献显著加大

作为运融通网络货运平台的组成部分，运融通无车承运平台在推动物流行业规范健康发展的同时，也为地方税收增长做出了重要贡献。该平台与江苏省税务代征系统紧密对接，有效解决了运输过程中的发票问题，包括油气发票、ETC 发票以及司机运费发票等，极大地提升了税收征收的效率和准确性。通过与中国农业银行合作，运融通无车承运平台实现了网络货运资金的透明化结算，所有交易数据均接受省交通运输厅和省税务总局的严格监管，确保了业务的真实性和合规性。该平台上线以来，累计完成业务额超过 5.1 亿元，纳税额超过 4500 万元，充分展现了在促进物流行业数字化转型和税收增长方面的显著作用。

## 六、案例小结

江苏云企凭借运融通智慧物流平台，在物流行业数字化转型的浪潮中脱颖而出。立足常熟服装城，该公司巧妙运用“互联网+物流大数据+供应链管理+供应链金融”的创新模式，精心打造了一套集市场化、社会化、专业化和信息化于一体的现代物流体系。其独特优势在于，通过运融通智慧物流管理平台和网络货运平台的整合，将采购、分销、仓储、配送等环节无缝衔接，确保了物流过程的高效协同和透明管理。

此外，江苏云企着眼于线下智慧物流园区的建设，进一步促进产业与物流的深度融合，有效解决了物流“最后一公里”的难题。尽管在发展过程中遇到了一些挑战，如不同地区企业在基础设施覆盖方面的差异及管理上的困难，但江苏云企始终坚定前行，不断优化平台，拓宽服务范围，力求将成功经验推广至全国，为物流行业的数字化转型提供支撑。

江苏云企通过运融通智慧物流管理平台和运融通网络货运平台的深度应用，不仅推动了物流行业的数字化转型，还显著提升了物流效率和透明度。江苏云企的成功实践为供应链和物流行业的数字化转型提供了宝贵的经验，具有重要的现实意义。

## 七、案例思考

（1）江苏云企在促进物流行业数字化转型方面采取了哪些关键措施？这些措施如何帮助传统物流行业提高效率和透明度？

（2）运融通智慧物流管理平台具体是如何实现物流过程的全流程实时可视化的？这一功能对物流行业意味着什么？

（3）运融通网络货运平台的出现解决了传统物流运输中存在的什么问题？它是通过什么手段来强化物流运输安全的？

（4）对于江苏云企在发展过程中遇到的挑战，你认为它应该如何优化策略？

（5）在江苏云企的案例中，哪些因素对推动供应链和物流行业的数字化转型至关重要？

# 跋

## 源自实践的数字化转型思考

文 / 戴建国

我从 2014 年开始从事零售转型（DTC 模式）、智能化改造（自动化、信息化、网络化——三化融合）、数字化平台建设（数字化、平台化、智能化）、数字化转型（战略、流程、组织、管理）相关工作，可以说走了不少路，蹚了不少河，做对了一些，也做错了一些，磕磕绊绊，有收获也有遗憾，最终明白了“水能载舟，亦能覆舟”的道理。数字化转型之路很长、很难，但只要一群人志同道合，坚守初心，持之以恒，不畏艰难，勇于尝试，敢于创新，坚持长期主义，坚持正确的方向，相信最终一定能够结出累累硕果。我研究过不少企业的数字化转型，发现到目前为止，中国企业在数字化转型方面真正能称得上成功的案例极少，哪怕到处被宣扬的经典案例，只要认真推敲，绝大部分也只能说相对别的企业而言做的早一点、多一点、好一点而已，与数字化转型的真谛相去甚远。以下是我在以往工作中对数字化转型的理解及其核心影响要素的总结，供大家参考。

1. 认知思维。对于到底什么是数字化，什么是信息化，什么是自动化，什么是智能化，数字化和数字化转型有什么不同；为什么要数字化，为什么要数字化转型，数字化和数字化转型到底能够给用户（客户）带来什么变化，给公司、员工、客户、股东、合作伙伴等利益相关方带来什么；数字化转型如何实施，具体实施方法和路径是否全员清楚；数字化、数字化转型形成的阶段性成果是什么，怎样科学地去测量及评价，等等，每个人的理解不同，因为每个人的经历不同，知识结构也千差万别，再加上大量的数字化转型培训公司、自媒体利用经济增长乏力、国际形势变化等不断贩卖、鼓吹不确定性，放大了社会、民众、企业家的焦虑及不安情绪。确定和不确定都是相对的，我们永远生活和工作在相对的确定和相对的不确定之中。数字化、数字化转型本身并不复杂，定义很清楚（国家部委、社会机构均发布了相关标准），复杂的是人性、是认知，认知问题不解决，就很难形成合力。张三认为应该这么干，李四认为应该那么干，站在本位角度可能都没有错，但数字化转型是全局、是战略、是生态、是连接、是协同，不仅企业内部要转型，链主还要带领整个生态中的企业转型，是生态、是社会、是国家共同提质增效。认知问题是数字化转型中最大的问题，认知问题不解决，转型就很难成功。

2. 顶层设计。万物皆互联，万物皆数字，万物皆利益。数字化转型会影响公司、员工、客户、股东、合作伙伴等方方面面的利益相关者，因此要平衡各方利益，帮助所有相关方在转型过程中获益。数字化转型绝不是某一家企业、某一个部门的事情，是整个价值链、生态链上所有相关方共同的事情，链主是核心，应该承担数字化转型所需要的组织、规划、协调职能。开展数字化、数字化转型工作，更多的是企业之间的配合、协同和执行。数字化转型的顶层设计原则，就是在宏观环境中从整个价值链角度去设计数字化转型。数字化转型的目的是通过连接和赋能让用户体验更好、企业运营效率更高、产品和服务更新迭代更快，是用先进数字技术在成就客户、员工和伙伴的过程中成就自己，而不是用数字技术让自己站在更有权势的位置去压榨别人。链主企业在做顶层设计时，一定要有全局观和生态观，否则一定走不长、走不远。

3. 团队配称。认知一致、理念一致、行动一致的数字化转型团队是确保数字化转型成功的核心要素。很多公司让 IT 主导企业的数字化转型，这是典型的错配，数字化转型不是数字化，数字化只是数字化转型的基础和必要条件，数字化让IT主导没有问题，但数字化转型如果由IT主导，成功的可能性几乎没有，除非这家企业的IT是超能、是混合型人才，既懂技术，又懂业务，更懂战略，甚至具备企业级精神。凡是由IT主导数字化转型的，基本可以确定这家企业的老板没有真正理解数字化转型的内涵，譬如提升用户体验、研发更好的产品、争取更大的市场份额，这些是IT人员能做到的吗？显然是做不到也做不了的，因此数字化转型一定是企业家自身主导、推动的工作，一家企业唯一无法替代的就是企业家。IT更多的是实现数字化、提供数字工具，哪怕是智能决策，也是工具，是通过模型提供更精准的决策依据，工具使用者在数字化转型过程中的作用更重要。数字化，是IT系统或应用的升级，更多的是技术，是映射，是把有形的实体业务搬到无形的虚拟世界中，是写入，是读取；而数字化转型是业务的变革、流程的变革、组织的变革，更是战略的变革、管理的调整，最终要通过商业模式的创新，获得客户、用户更好的口碑，更大的市场，赢得更多的利润，承担更多的社会责任。这样的转型只能由企业家亲自挂帅，而不能委托给任何人。不少有实力的企业在数字化转型时，首先想到的是自力更生，从系统或应用，到算法、底层、基础设施都自己搞，总认为别人不懂业务，自己的业务很特殊，没有谁能够满足自身需求，所以必须自己搞，从底层开始。生态圈里比比皆是的SaaS服务不使用，有现成的钉钉、企业微信、飞书等平台不用，非要自己开发。更可怕的是，有些企业连数据中心都要自建，美其名曰“更安全”。我们已经进入云原生时代，不是落后的农耕社会了，非要耗时耗力自己开发、建设，花钱又费时，且成效慢，本质上还是认知的问题。数字化转型的核心要素之一就是提升企业运营效率，一切资源为我所用，切忌单打独斗，更不可认为自己无所不能。

通常意义上，数字化转型包含两个方面，即业务数字化和数字业务化。业务数字化，就是产品和服务的流程化、软件化，这是IT人员与业务人员要做好的基础工作，只有业务数字化了，才有可能实现数字业务化，因此IT人员、业务人员是数字化的核心力量，是确保企业数字化成功的核心要素。数字业务化，即把业务数字化过程中采集、清洗、加工的数据资产变现，如我们通过传感器收集客户触摸、试穿的数据，结合最终成交的数据，给零售人员、陈列人员、设计人员提供客户感兴趣且成交、感兴趣且试穿、感兴趣只触摸、感兴趣只眼捺、不感兴趣的产品分布情况，同时通过图像识别技术分析客户特点，男的、女的、老的、少的、时尚的、商务的、传统的、保守的、高收入的、低收入的等特质，进而更精准地了解入店客户的需求和消费偏好，从而设计出更合适的产品，再赋予更吸引人的陈列，不断提升门店的成交率及营收。只有把这些数据转化为业务行为，它们才能真正发挥作用、实现价值，这就是数字业务化的真谛，也是数字化转型最终要的成果。因此，数字业务化一定要由业务团队牵头和主导。业务数字化、数字业务化一定是一把手工程，是企业家亲力亲为的事项，试图通过某一个职业经理人或者某几个人主导数字化转型，结果往往不尽如人意，原因不是大家不努力，而是企业家没有真正理解数字化转型。数字化转型对领导者要求极高——既要懂流程，又要懂业务，还要懂一点数字技术，更要有企业家精神，遇到困难，要能迎难而上，调动一切资源，要有不达目标不罢休的坚韧意志。

现实中我接触、了解的数字化转型案例，普遍存在这样一种现象，就是企业家高度重视，并亲自担任数字化转型组长，同时配置数字化转型执行组长（IT & 业务老大），再聘请高大上的数字化转型咨询公司担任专家顾问。这样的领导机构，这样的组织形式，这样的推动机制，一般情况下，企业家会亲自主持启动会，接下来的工作就交给执行团队了，过程中有时间听听汇报，没时间就忙于业务了，数字化转型成功的概率微乎其微。领导需要深度参与，其作用绝不是一纸文件就能体现的。数字化转型是变革，不是简单的拓展一项业务，如果认识不到这一点，团队就会出现问题，人出了问题，事成的可能性就会大大降低。因此，团队配称是数字化转型能否成功的关键，需要企业家高度重视。

4. 资金保障。数字化转型要有充足的资金支持。要成果，就要有投入，甚至要做好投入打水漂的准备。数字化转型是一项战略性工作，企业的投入产出不一定会成正比。至于到底要投入多少，关键要看企业之前在数字化上的投入、企业的规模、生态链的长短、生态链数字化水平等，没有绝对的标准，但有一点必须做到，即业务的数字化，简单地讲，就是能否采集到全链、全量、实时的核心业务数据，如果这些底层数据都不完整、不实时，数字化转型就无从谈起。把基础做扎实了，才可能有未来。投入产出比很难精准计算，虽然账算不清，但如果不搞数字化转型，不在信息技术上高强度投入，企业今天和明天没有问题，明年和后年就不一定能活得下去了。这是假设条件，如果连这个条件都不认同，还搞什么数字化、数字化转型呢？因此，数字化、数字化转型某种程度上是企业未来能否生存的决定性因素，投入再多都不为过，不能以传统的财务预算来主导管理，要以是否符合数字化转型方向来考虑管理的问题。

举例来说，如果不投入，我们就无法知晓用户（客户）的需求。在商品足够丰富的年代，用户（客户）凭什么买你的产品？用户（客户）每天通过大量的数字化平台（微博、小红书、今日头条、天猫、淘宝、京东、唯品会、抖音、拼多多等）了解足够多的商品信息，你拿什么来吸引他们？你只有和用户（客户）建立链接，通过互动、交流获取更多、更精准的信息，才能进行更合适的产品研发、更精准的传播种草、更精准的选址开店、更有效果的陈列。对于战略变革项目，最好不要采用传统的财务预算管理手段进行投入产出控制。

5. 实施路径。尽管数字化转型没有可以照抄照搬的实施路径或方法，但任何事物都有规律，目标明确，措施可以不断修正，可以先做必答题，再做选择题。比如，数字化转型的前提条件是业务数字化，也就是要把业务实务全部映射到虚拟的数字世界，建立数字孪生的世界，这就是明确的实施目标之一。有了明确的实施目标，就要有具体的实施路径，这个相对简单，可以按照传统的软件开发流程，也可以采用敏捷开发的流程，但必须是统一的数字平台，不能出现数据孤岛、数据烟囱，所有业务、所有数据必须在统一的平台上，不管叫业务中台、数据中台还是叫前端应用。在业务数字化过程中，要高度重视数据治理。数据治理是数字化的基础，也是数字化转型的基础。在业务数字化的前期，一定要做好数据治理工作，要确保主数据、元数据质量，包括数据“血缘”关系，要确保统一的指标体系及计算口径，千万不要出现转型过程中还在天天为数据的一致性、正确性、实时性争吵的情况。只有数据治理做到位了、业务都在线了、数据都采集了，才有可能实现数字业务化，才有可能让数据成为资产，产生更大的价值。我们去过很多数字化转型成功的企业参观学习，往往第一眼看到的是超炫的大屏、高大上的作战指挥室或智能驾驶舱，更有甚者把口号、理念等属PPT范畴的内容搬入数字平台进行展示，表面看这样的企业数字化做得非常不错，实际上未必，乐观地说是实现了业务的数字化，即把传统的BI进行了可视化呈现，但你只要问一问这些大屏数据到底给我们带来了什么价值，到底能不能从这些数据中找到新的业务、新的利润增长点，这些数据有没有让我们的用户（客户）体验更好，有没有使产品卖得更好，市场占有率有没有上升，我们的营收是不是增长更快了，运行效率是不是更高了，运营成本是否下降了，就会发现，收获甚微。其实，炫酷的大屏并不是我们所追求的，我们不能让路走偏了，要实实在在地用数据来引导业务调整，只有更好地满足用户（客户）的需求，不断提升用户（客户）的体验，不断提升运营效率，不断创造新的商业模式，数字化转型才有价值。

完成业务数字化这个阶段目标（业务数字化只有开始，没有结束，永远在迭代的路上）后，就要走入数字化转型的内核了，其中两条路径是非常清晰明了的：第一条路径是获得更大的市场，有更多的用户（客户）购买我们的产品；第二条路径是提升运营效率，使单位产出更高，有更多的资金支持第一条路径。以上两条路径是相辅相成、紧密联系的。要实现上述目标，表面看是产品研发、市场拓展、提升效率、降低成本，深层的逻辑是组织变革、流程再造。比如，设计组织不变革，可能研发出更好的产品吗？当你只有一个研发团队时，我相信这个团队会慢慢固化产品风格，会沉淀一些经典产品，但光有经典产品是远远不够的，你的用户（客户）在变化，市场流行趋势在变化，这就需要你配置更多的、更独立的设计组织来匹配市场变化、用户变化。再如，商品运营流程不变革，可能实现更高的运营效率吗？很多传统服装企业采用订货方式，张三订的货就是张三的，李四订的货就是李四的，最终可能会出现张三卖得很好、库存很少、利润很好，李四卖得不好、库存很高、出现亏本的情况。原因是什么呢？没有建立货品共享机制和相应的流程。如果我们让张三、李四的销售、库存实现实时、虚拟、在线，即实现业务的数字化，就能清晰、实时地知晓张三、李四的货品流转情况，这样利益机制建立好了，李四卖不动的货品完全可以让能卖的张三卖，结果就是，不仅张三卖了更多的货，获得了更大的收益，李四也因为降低了库存获得了收益，品牌商同样因为李四库存下降而减少了相应的退货跌价损失，三方都能获益。这就是数字化转型的真谛——整个生态都能获得超过以往的利益。

我举以上的例子，只是想说明，数字化转型的路径是清晰的，不是模糊的，是对我们以往业务活动进行全面梳理，通过组织变革、流程再造两个抓手，让用户（客户）体验更好，实现更大的市场份额，让整个生态运营效率更高、成本更低，最终确保整个生态链上的各方都能获得更多的利益。数字化转型还有一条路径，就是通过数字技术，创造新的商业模式。滴滴打车模式就是典型的通过数字技术颠覆传统出租车运营模式的例子——把需求者、服务者放在透明的平台上，实现资源的最佳配置，在提升服务的同时，更好地满足用户的需求。任何一家企业都需要在创新商业模式上进行深度思考，一旦成功，就会领先行业，就有了足够宽的护城河，可以让企业更好地发展。

实施路径千万条，要想清楚。可以从最弱处着手，用一个一个小胜利提升团队的信心，用一个一个小成果证明数字化转型的价值，积少成多，让成功抵达彼岸成为必然。

6. 评价改进。科学测量非常重要。我们在做顶层设计时，不仅要有明确的目标、实施路径、责任主体，还要有明确的测量时间、测量方法、测量结果公布机制，既要把成果清晰呈现，也要让问题暴露无遗，要把问题背后的原因、影响因素讲明白。透明很重要，公正很重要，我们不能一碰到问题，就说人不行，很有可能目标本身就有问题，很有可能路径有问题，很有可能方法有问题，很有可能流程有问题，很有可能机制有问题，总之一定要进行科学的评价，不能把所有问题都归结在人身上。数字化转型是企业的全方位转型，是一场艰巨的变革，一定要对症下药，千万不能折腾人、折腾团队，再好的人、再优秀的团队都有犯错的时候，有问题不可怕，只要找到原因，不断改进，就一定能越来越好。数字化转型不是0和1的关系，是解决企业长期发展的问题，是实现生态更好发展、社会更加繁荣的宏伟目标。

7. 文化氛围。第一，要有容错、试错的文化氛围。不同的企业、不同的组织、不同的人，诉求不同，利益不同。数字化转型绝不是一项简单的工作，要允许犯错，要保护勇于担责的人，要鼓励敢于创新的人，绝不能扣帽子，更不能动不动就咔嚓掉变革者，所有变革都是要打破旧规则，比如业务数字化，让数据、业务、行为都透明了，一定会损害那些靠信息不对称获取利益的组织或人，要明辨是非，要民主决策，要有共识、有担当，因此数字化转型的主导者一定是企业家，唯有企业家才能平衡各方诉求。第二，要有定力，立竿见影当然最好，但越是艰难的事情越难立竿见影，一旦达不到预期，过程中就会摇摆不定，再加上杂音很多，明面上是没有定力，骨子里是没有真正理解数字化转型的难度、深度、广度，只把数字化转型简单理解为技术工具、数字平台，没有把它当成事业来推动。只有真正理解数字化转型真谛的企业家，才有可能最终在数字化浪潮中脱颖而出，在实现自身企业更大发展的同时带动生态一起发展，承担起更大的社会责任。

以上是我在近十年的智能化改造、数字化转型工作中的一些心得体会，不代表企业，仅代表我本人。

戴建国

2024 年 5 月 12 日星期五

（戴建国，波司登执行总裁助理，服装与物流行业专家，拥有多年的行业经验与顶级的专业资质。）

# 特别致谢

在本书付梓之际，我们满怀感激之情，向所有在《服装产业数字化转型：以常熟服装产业带为例》一书的调研、撰写、编辑、出版以及推广过程中给予支持与帮助的人们致以最诚挚的谢意。感谢常熟市委、市政府，长三角产业数字化创新中心以及北京联合大学管理学院等单位的鼎力支持，它们为本书的调研与编写提供了坚实的平台与资源支撑。特别感谢波司登、飞榴科技、金辰针纺织等众多企业的积极配合与无私分享，这些真实案例与宝贵经验是本书的灵魂所在。感谢倪霞、李慧龙、王姗、马丽仪等团队成员的辛勤付出与不懈努力。感谢邓嫒嫒、焦晓云两位编辑对本书精益求精的编辑加工与诚恳建议。大家的智慧与汗水凝聚成了这本著作。同时，我们也要向夏卫东教授等专家、学者表示深深的敬意，他们的理论指导与学术支持为本书增添了厚重的学术底蕴。此外，还要感谢亿邦动力等合作伙伴在产业对接与调研方面的鼎力相助，感谢北京联合大学鲍新中副校长和管理学院陈建斌院长的关怀与指导。最后，向所有参与调研、访谈的企业家、行业专家及工作人员表示衷心的感谢。愿本书能为常熟乃至全国的服装产业数字化转型提供有价值的参考，让我们共同推动中国服装产业迈向更加辉煌的未来！